長生き地獄

資産尽き、狂ったマネープランへの処方箋

森永卓郎

角川新書

はじめに——長生きすることは幸せか

「長生きするって、本当に幸せなの」と妻が聞いた。楽しそうな未来が見当たらないと言うのだ。

少し前までは、長寿はめでたいことだったし、幸せな老後を過ごす高齢者は少なくなかった。現役時代には、忙しくてなかなか行けなかった海外旅行に出かけたり、国内の温泉巡りをしたり、なかには豪華客船で世界を巡る高齢者もたくさんいた。旅行だけでなく、ダンスや盆栽などの趣味に没頭したり、おいしいものを食べ歩いたり、まさに人生の楽園を楽しむ高齢者がたくさんいたのだ。

ただ、そうした**充実した老後は、健康とお金があってのこと**だ。健康は、人それぞれの部分があるのだが、**すべての人に共通して問題になるのは、お金**のほうだ。高齢者の生活を支えてきた公的年金が、今後ずるずると減り続けていくからだ。詳しくは本文で触れるが、30年後は平均的サラリーマン世帯だった**夫婦2人の年金が、月額13万円まで減ってい**

く。普通に考えたら、13万円で暮らすことは不可能に近いだろう。

　ここで思い出すのが、金融庁が２０１９年６月３日にまとめた「高齢社会における資産形成・管理」という報告書だ。そのなかで、老後を年金だけで暮らすためには、２０００万円が必要としたことが大きな論争となった。

　立憲民主党の辻元清美《つじもときよみ》国会対策委員長（当時）は、「国民に対し、老後は年金だけでは暮らせないから、投資も含め２０００万円かかるぞ、と。政治の責任を放棄したと言わざるを得ない」と糾弾し、まず国民に謝罪すべきだと批判したが、金融庁の報告書の推計は、きわめてシンプルなものだった。現在、無職の高齢２人暮らし世帯は、月の収入が21万円に対して支出が26万円と、月５万円の赤字となっている。この赤字を65歳から95歳までの30年間積み上げると２０００万円近い赤字になるので、それに相当する資産を持っておく必要があるというだけのものだ。

　ただ、将来を展望すると、事態がもっと深刻になることがすぐに分かる。収入が年金だけの世帯は、月額収入が現在の21万円から13万円に下がる。もし現在と同じ支出を続けると、毎月の赤字は13万円ということになる。これを30年間積み上げると、赤字は４６８０万円ということになる。**老後を迎えるのに５０００万円近くという、ほとんど実現不可能**

な貯蓄が必要になってしまうのだ。

年金減に対処するための方法は、貯蓄を持っておくことだけではない。一つの方法は、収入を増やすことだ。働き続けたり、投資で収益を稼いだりすればよい。もちろん、高齢期に月額13万円の勤労収入を得るのは非常に大変だ。しかも、働けば税金も社会保険料も増えてしまう。投資で毎月13万円を稼ぐのはもっと大変だ。

一方、**支出を半減させるのは、一見困難にみえるが、私はやり方次第で不可能ではない**と考えている。節約には、税金も社会保険料もかからないから、節約分は丸々収支改善に結びつくからだ。

いずれにしても、公的年金13万円時代は確実にやってくる。そのとき何も対策を取らずにずるずると家計の赤字を出し続けていたら、確実に生活は破綻《はたん》する。住宅ローンの借り入れ限度額は年収の5年分と言われる。しかし、それは住宅という資産の裏付けがあり、しかも非常に低い住宅ローン金利を前提にした話だ。生活費の赤字で作った借金は、年収と同額まで行ったら絶対に返せない。**年金13万円時代の場合は156万円が借金の限界だ。**たった150万円の借金で老後生活が二進《にっち》も三進も行かなくなってしまうのだ。

そうした「長生き地獄」を避けるために、私たちは、具体的にどう行動すればよいのか。

これから本文で詳しく論じていくことにする。

2021年12月

森永卓郎《もりながたくろう》

目次

第1章　年金はどうなるのか

■生き残るリスク

老後の生活設計をするための一番基本となる数字は、何歳まで生きるのかという余命の数字だ。ただし、自分の余命を知ることはとても難しい。人間はいつまで生きるのか、誰にも分からないからだ。平均寿命で考えればよいという考え方もある。２０２０年の日本人の平均寿命は男性が81・64歳、女性は87・74歳だから、男性は82歳、女性は88歳まで生きると考えておけばよいという意見だ。

しかし、それはとてもリスクが高い考え方だ。まず平均寿命というのは、０歳時点の平均余命だから、老後を考える際の平均余命ではない。例えば、現在、65歳の時点で男性の11％、女性の５％がすでに亡くなっている。65歳まで生き残った「強い」人は、そこからさらに長生きするのだ。２０２０年で65歳男性の平均余命は19・93年、65歳女性の平均余命は24・82年だ。つまり65歳まで生き残った人は、平均寿命よりも男性で３・29歳、女性で２・08歳長生きするのだ。

さらに問題がある。平均寿命や平均余命は、あくまでも平均であって、それよりも長生きする人が当然たくさんいるのだ。**平均余命までのつもりで老後資金を使い果たしてしまったら、その後の生活が立ちいかなくなってしまう。**

そこで考えないといけないのが、**生き残る確率がどれだけあるのか**ということだ。図表1－1は、65歳まで生き残った人が、年齢ごとに何％生き残っているのかを整理したものだ。

85歳まで生き残る確率は、男性で53％、女性で75％だから、少なくとも20年間は老後生活が続くと考えてよい。問題は、その先だ。95歳まで生き残る確率は、男性12％、女性29％だから、この年齢まで生き残ることも、やはり想定しないといけない。そのくらいの確

図表1-1　生き残り確率

年齢(歳)	男(%)	女(%)
65	100.0	100.0
70	93.9	97.4
75	85.1	93.5
80	72.2	86.8
85	53.2	74.8
90	30.5	54.8
95	11.5	29.1
100	2.3	8.9
105	0.2	1.2

※資料：国立社会保障・人口問題研究所「日本の将来推計人口」平成29年推計。
(注)2020年時点の生命表に基づく。

率のことは、日常茶飯事で起きるからだ。

実は統計的検定では、1%有意、5%有意という基準がよく用いられる。確率1%以下のことは起きない、あるいは確率5%以下のことは起きないという前提を置いて、判断をするのだ。

この基準でみると、生き残る確率が5%以下になる年齢は、男性が98歳、女性が102歳だ。一方、生き残る確率が1%以下になる年齢は、男性の場合102歳だが、女性は105歳でも1%以下にならない。統計的検定では、5%有意よりも1%有意のほうが、ずっと多く使われている。だから、老後の人生設計は105歳まで生き残る前提で考えなければならない。老後は40年間ということになるのだ。

40年間の生活資金を65歳の時点ですべて貯蓄しておくことは、現実問題として不可能だ。例えば、年間300万円の生活費が必要だとして、40年分だと1億2000万円という、とてつもない金額が必要になるからだ。

だから、**生き残るリスクに対応するために一番重要になるのが、公的年金**ということになる。年金は、どれだけ長生きしても、受け取り続けることができるからだ。しかし、その公的年金の将来の受給額について、ほとんどの国民が不安を持っている。それは、当然の話だ。いまの**日本の公的年金制度は、「賦課方式」**で運営されている。賦課方式というのは、現役世代が納めた年金保険料をその時点の高齢者で山分けするシステムだ。少子化の進展で、保険料を納める現役世代が減少していく一方で、年金を受け取る高齢者の数は増えていくのだから、**年金受給額が減少していくのは当然のこと**なのだ。それでは、年金は今後、どれだけ減っていくのだろうか。

■年金は大丈夫だと主張する政府

公的年金に関しては、５年に一度、「財政検証」が行われている。その時点の人口動向や経済動向を踏まえて、将来どれくらいの年金保険料が入ってきて、どれだけの給付ができるのかを再計算するのだ。直近の財政検証は、２０１９年に行われた。そこで示された標準ケース（人口中位、経済成長と労働市場への参加が進むケース）で見込まれた将来の年金給付額が図表１－２だ。

この推計によると、年金受給額は減らない。しかも、ここに書かれている金額は、物価上昇率を調整した実質値だ。41年後の年金給付はいまの１・５倍になるという、まさにバ

図表1-2　モデル世帯の年金月額給付見通し

	夫の厚生年金	夫婦の基礎年金	合計
2019年度	9.0万円	13.0万円	22.0万円
2024年度	9.3万円	13.1万円	22.3万円
2040年度	11.6万円	13.4万円	25.0万円
2046年度	12.8万円	13.5万円	26.3万円
2060年度	15.9万円	16.8万円	32.7万円

※出所：厚生労働省「2019（令和元）年財政検証結果レポート」

ラ色の未来が描かれているのだ。

もちろん、こんなことは絶対に起こらない。実は、**この財政検証の推計には、現実を無視したいくつもの強い仮定がおかれている**のだ。

第一は、**これはモデル年金**だということだ。モデル年金というのは、厚生年金の保険料を40年間、完璧《かんぺき》に納め続けた人のケースだ。現実にはそうした人はあまりいないから、平均の年金受給額は、ここから1割ほど下がる。

第二は、**実質賃金の上昇率を1・6%と見込んでいる**ことだ。ここのところ日本の実質賃金はずっと下がり続けている（図表1－3）。例えば、2020年の実質賃金は前年比マイナス1・2%だった。2010年から2020年の10年間では年率でマイナス0・

図表1-3　実質賃金の推移

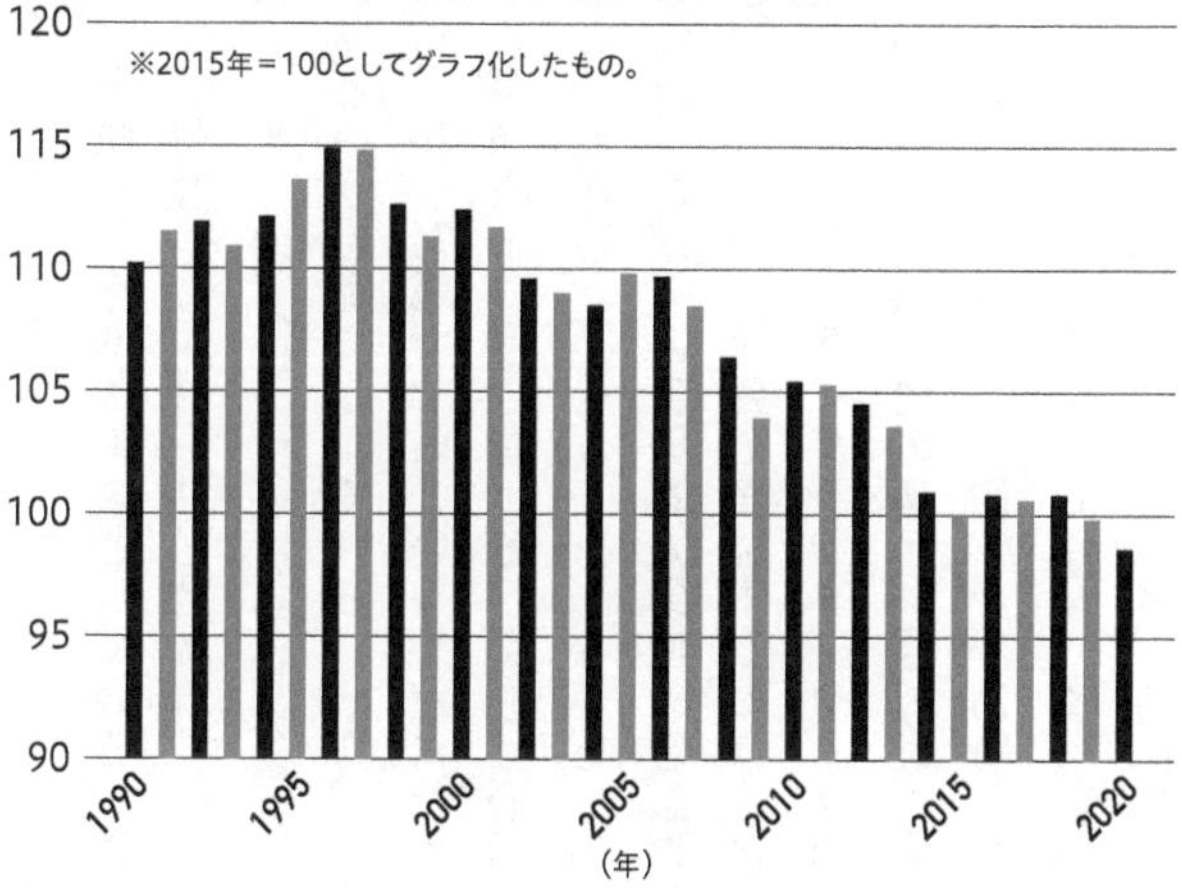

7％だ。２０００年から２０２０年の20年間でも年率でマイナス０・７％となっている。１９９０年から２０２０年の30年間では、年率マイナス０・４％だ。つまり、どんなにひいき目に見ても、**今後の実質賃金は横ばいがよいところ**なのだ。財政検証で41年後の年金給付が１・５倍になっているのは、この実質賃金の設定の影響が大きい。毎年１・６％ずつ、41年間賃金が上がり続けたら、賃金が１・９倍になる。賃金が１・９倍になれば年金保険料も１・９倍になるから、その分、年金給付も増やせるという仕掛けなのだ。

第三は、**高齢者がどんどん働くようになるという仮定**だ。高齢者が働いてくれれば、彼らは年金の受け取り手ではなく、保険料の払い手になる。つまり年金財政にとって、高齢者が働くことは、一石二鳥の効果になるのだ。

財政検証が標準ケースとしている「労働市場への参加が進むケース」というのは、高齢者の労働力率（人口に占める労働力人口の割合）が急速に上がることを前提としている（図表1－4）。例えば、男性の労働力率は2040年時点で、65～69歳で72％、70～74歳で49％という想定になっている。一方、女性の労働力率は、2040年時点で、65～69歳で54％、70～74歳で33％という想定になっている。つまり、男性は7割以上が70歳まで働き、半数が75歳まで働き続ける。女性は過半数が70歳まで働き、3分の1が75歳まで働き続けるという想定だ。そうでもしないと、いまの財政検証が示した年金は、給付が不可能になるのだ。ただ、**いま日本人男性の健康寿命は72歳だ**。それを超えて75歳まで半数の人が働き続けるという社会を実現するのは、どう考えても不可能だろう。介護施設から通勤する人が増えるという、ブラックジョークのような状況を厚生労働省は想定しているのだ。

第四は**年金積立金の運用利回り**だ。公的年金には、まだ高齢化がさほど進行していなかった時代の遺産として積立金がある。2021年3月現在で、その残高は192兆円となっている。この資金は年金積立金管理運用独立行政法人（GPIF）が運用しているが、運用先は外国株式、国内株式、外国債券、国内債券が、それぞれほぼ4分の1ずつになっ

図表1-4　労働力率の将来推計

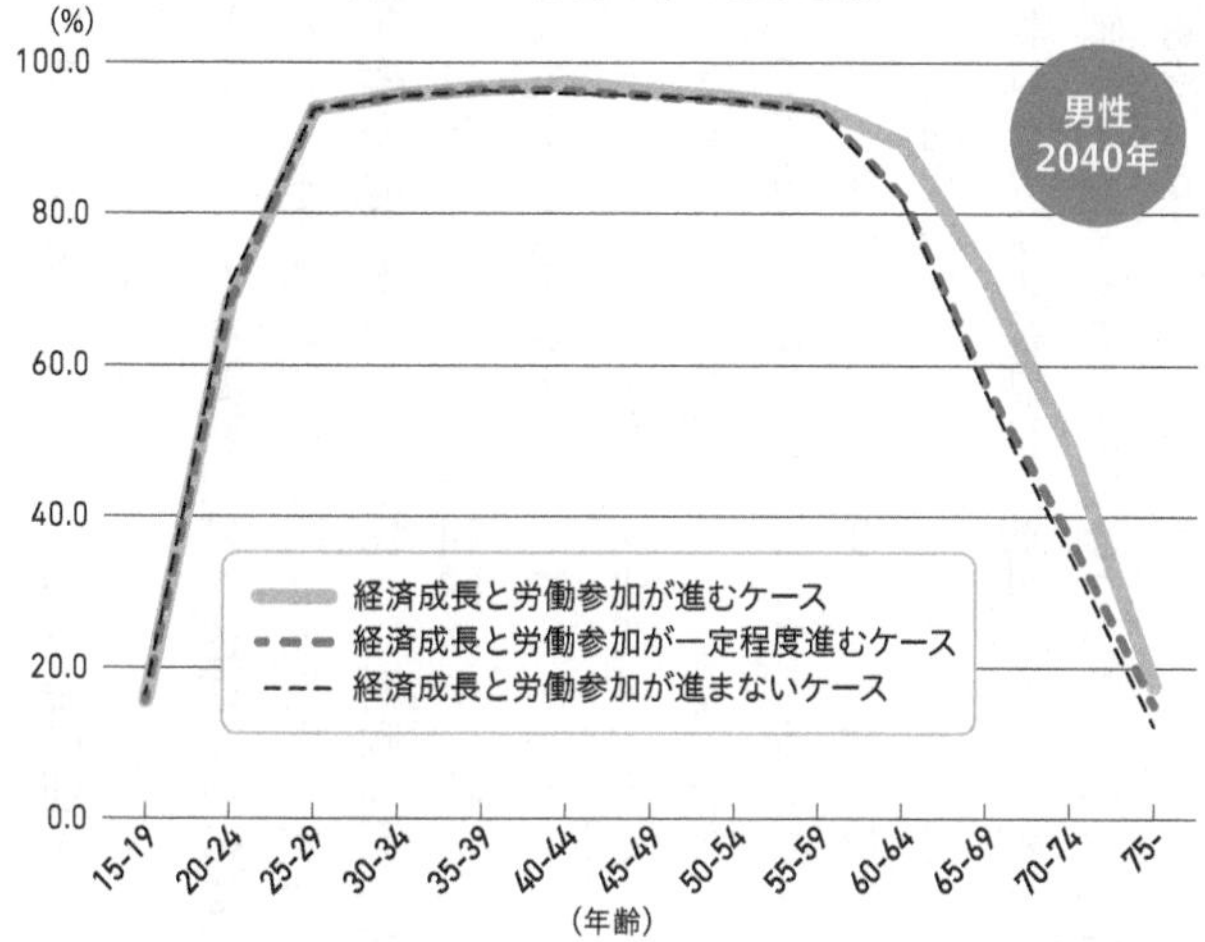

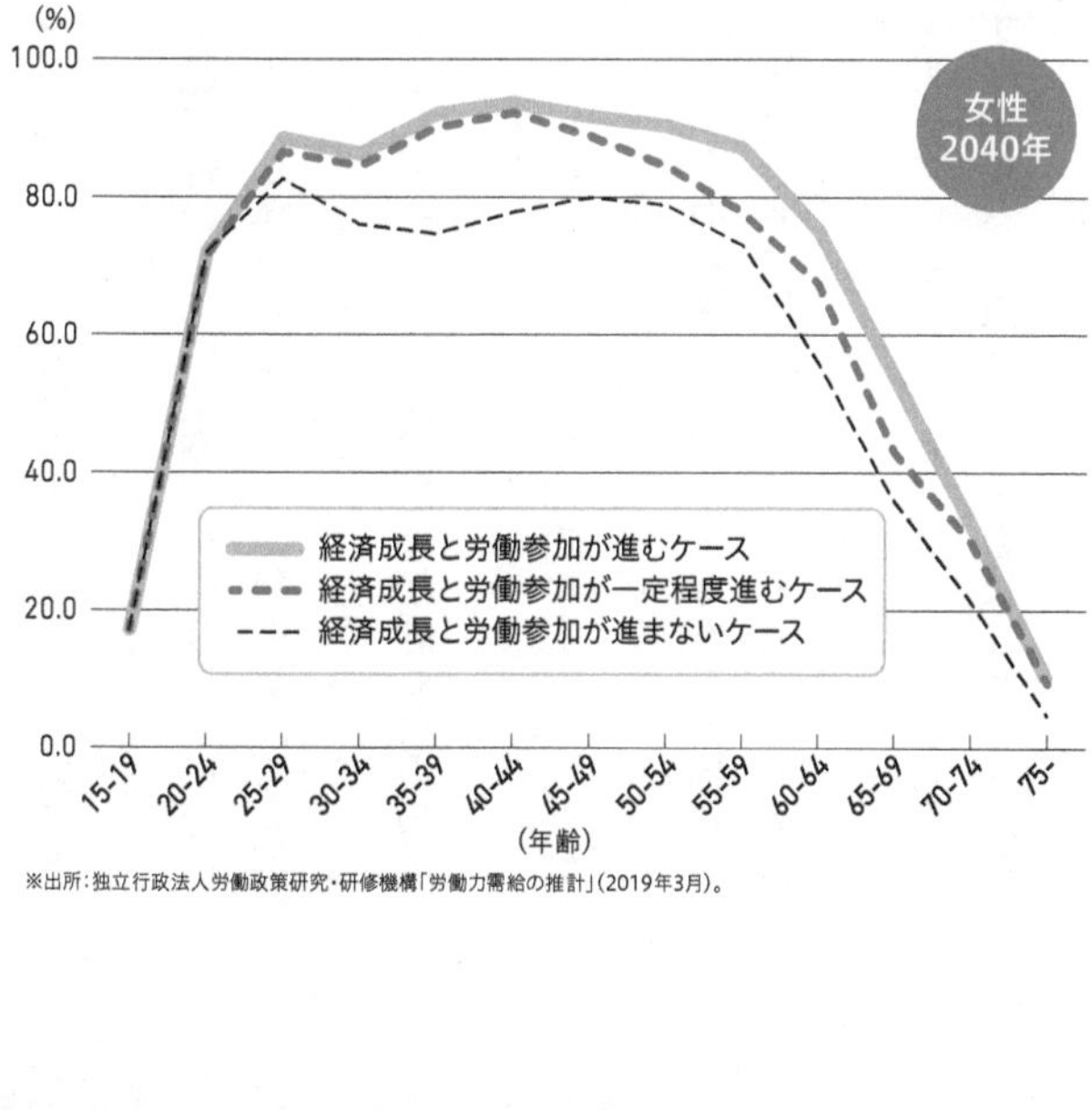

※出所：独立行政法人労働政策研究・研修機構「労働力需給の推計」(2019年3月)。

ている。財政検証では、この資金の運用利回りを名目で5%、物価を差し引いた実質で3%と想定している。

しかし、**そんな高利回りを達成するのは、不可能に近い**。国内債券の利回りは、ほぼゼロだし、米国債の利回りも2%台だ。実際、GPIFが発足した2001年度以降の累積の年率の収益率は3・7%と、財政検証が想定する5%に届いていない。しかも、これは最近の株高に支えられた利回りで、私は**長期的には、運用利回りが、もっと低くなるのは確実だと考えている**。

例えば、日経平均株価の2010年から2020年にかけての10年間の年平均利回りは、8・1%（株価は年初のデータ）と比較的高くなっている。最近の株高のおかげだ。ところが2000年から2020年にかけての20年間の年平均利回りは、1・0%と大幅に下がり、1990年から2020年にかけての30年間の年平均利回りは、マイナス1・7%と、利回りがマイナスになっているのだ。

私は、いまの株価は、海外も含めてバブルだと考えている。バブルがいつ崩壊するかを正確に予測することはできないが、**バブルは必ず崩壊する。だから、年金積立金の運用益に期待してはいけない**のだ。

■財政検証からでも未来は見える

このように財政検証の標準ケースは、現実にはあり得ない想定を置いたバラ色の未来なのだが、実は財政検証からでも、本当の公的年金の未来を垣間見ることはできる。

財政検証は、将来の厚生年金給付について、ケースⅠからケースⅥまで、6つのケースのシミュレーションをしている。その結果をみると、現在61・5％の所得代替率（現役世代の手取り収入の何％の年金が給付されるのかという数字）は、最も楽観的なケースⅠで51・9％、最も悲観的なケースⅥだと36～38％に下がっていくというものになっているのだ。

経済も成長せず、高齢者の労働力率も上がらないという最も悲観的なケースがケースⅥなのだが、私はこのケースが一番現実に近いものだと考えている。そこでケースⅥを前提に考えると、現在の厚生年金のモデル年金は22万円だから、単純計算で、現状の61・5％という所得代替率が36％に下がると仮定すると、いまから31年後、**２０５２年の、夫婦２人のモデル年金は月額12万９０００円**ということになる。

ちなみに財政検証が示している２０５２年の年金月額は、ケースⅥでも18万８０００円

（夫の厚生年金7・6万円＋夫婦の基礎年金11万1000円）となっている。私の単純計算と5万9000円も違う最大の原因は、2052年の時点でもなお、年金積立金の取り崩しを年金給付に投入しているからだ。だから所得代替率が46・1％にとどまることになっているのだ。

しかし財政検証は、ケースⅥの場合、この年を最後に年金積立金は枯渇するとしている。最初に示したケースⅥの36～38％という所得代替率は、積立金を食いつぶして、完全賦課方式に移行したときの数字なのだ。また、積立金の利用以外に、私の推計との違いをもたらしているのは、ケースⅥでも、実質賃金が毎年0・4％ずつ上昇するという仮定に立っていることの影響だ。わずか0・4％でも、31年間積み重ねると実質賃金は13％も上昇するのだ。

私の単純計算による夫婦で12万9000円という予測は、実質賃金の上昇をまったく見込んでいない。だが、少なくともこの十数年の実績をみる限り、私の仮定のほうが正しいことは明らかだろう。**日本の賃金が上がらないというこれまでの現象が続く限り、やはり31年後の夫婦2人のモデル年金は13万程度まで下がる**ことになるのだ。

■独自試算による年金月額推計

将来の公的年金給付がどうなるのかは、老後の生活設計をするうえで、とても重要なので、ここではもう一つ、独自の推計をしておこう。先にも述べたように、日本の公的年金は賦課方式で運営されている。現役世代が支払った保険料をその時点の高齢層で山分けにする方式だ。そのため、保険料率が変わらないとすれば、受給額は人口構造で自動的に決まる。

例えば、高齢者1人を現役世代4人で支えているときと比べて、高齢者1人を現役世代2人で支える時代になれば、年金給付が半減する。それだけの話だ。もちろん保険料を引き上げていけば、年金給付を増やすことは可能だが、**厚生年金の保険料は年収の18・3%という現行負担率で頭打ちにするということが決まっている。**現実問題としても、**これ以上年金保険料の負担率を引き上げたら、現役世代の生活が成り立たなくなってしまう**だろう。

年金制度をよくご存じの方は、基礎年金（国民年金）の2分の1は、税負担になっているのだから、人口構造の影響だけでは決まらないと思われるかもしれない。しかし、これまでの経緯をみると、国庫負担の増加は、消費税率の引き上げで賄われている。消費税率が上がれば、その分物価が上昇し、年金給付が削減されるから、大雑把に言えば、**国庫負担分に関しても、人口構造の高齢化で負担が高まった分は、消費税増税による物価上昇という形で実質年金給付が減少する**ので、高齢者にも降りかかってくるのだ。

増税で実質年金が減少するというのは、直感的に分かりにくいかもしれないので、ここで、もう少し詳しく年金給付額決定の仕組みを述べておこう。**2021年4月から国民年金、厚生年金ともに、給付額が0・1%削減**された。額としては大きなものではないが、**その背後には重大な制度変更が隠れている。**

もともと公的年金の給付額は、毎年、前年の物価に合わせて金額を調整する「物価スライド」が導入されている。インフレで物価が上がっても高齢者の生活を守るための措置だ。しかし、前年の2020年の物価上昇率は0・0%だった。それにもかかわらず、なぜ年金が0・1%削減されたのだろうか。実は、**新しい物価スライドが、2021年から本格的にスタートしたからだ。**

新しい仕組みでは、毎年の年金額の改定率は、①物価変動率+②実質賃金変動率+③可処分所得割合の変化率という計算式で決まることになった。物価変動率はいままで通り前年の物価変動率を用いるが、実質賃金の変動率は、2年度前から4年度前までの3年間平均を取る。また、可処分所得割合の変化率は3年度前の数字が使われる。

ちなみに2021年の年金改定では、①が0・0％だったが、②がマイナス0・1％、③が0・0％となったため、合計のマイナス0・1％が年金の改定率ということになったのだ。

なぜこんな複雑な仕組みになったのかというと、私は「高齢者にも増税をしよう」と政府が考えたからだと考えている。例えば、消費税率を5％引き上げたとする。すると、消費者物価も5％上がる。ところが、物価スライドだけだと、高齢者の年金も5％増えてしまうので、高齢者は実質的に消費税増税による負担増がなくなってしまう。そこで、採り入れられたのが実質賃金の変動率だ。**消費税を5％増税して、名目賃金が変わらなければ、実質賃金は5％下がる。それに合わせて年金を引き下げれば、高齢者にも消費税増税の負担が降りかかる**のだ。

可処分所得割合変化率のほうは、所得税増税や年金保険料の引き上げに関しても、現役世代同様の負担増を高齢者にも求めるものだ。**結局、増税や社会保険料の引き上げは、高**

齢者が受け取る実質年金の引き下げという効果を持つことになったのだ。

実質賃金の変動率を2年度前から4年度前までの3年間平均としたり、可処分所得割合変化率は3年度前の数字としたりするところにも、官僚の悪知恵が働いている。この方式だと、高齢者はすぐに増税の影響を受けないから、増税への反対が起きにくい。しかし、**増税のことが記憶から遠ざかった2年から3年後に年金削減という「増税」を行う仕組み**になっているのだ。

■やはり月額13万円

話を元に戻そう。人口構造変化の要因だけに絞って、将来の年金給付を推計したのが、図表1－5だ。

この推計で、やっていることは、きわめてシンプルだ。まず15～64歳人口を現役世代、65歳以上人口を年金受給世代として、1人の受給世代を何人の現役世代で支えなければならないのかを計算する。ちなみに、2020年は2・05人の現役世代で1人の受給世代を支えている。それが2050年には1・32人の現役世代で1人の受給世代を支えることに

図表1-5　厚生年金と国民年金の将来給付額

（円）

	厚生年金	国民年金	合計
2025	139,282	53,411	192,692
2030	132,160	50,680	182,840
2035	122,083	46,815	168,899
2040	107,219	41,115	148,334
2045	98,948	37,944	136,892
2050	94,155	36,106	130,261
2055	91,814	35,208	127,022
2060	90,234	34,602	124,836
2065	87,620	33,600	121,219
2070	85,779	32,894	118,673
2075	83,654	32,079	115,732
2080	81,007	31,064	112,071
2085	79,485	30,480	109,965
2090	80,665	30,933	111,598
2095	81,682	31,323	113,005
2100	81,886	31,401	113,288
2105	81,443	31,231	112,674
2110	80,651	30,927	111,578
2115	80,141	30,732	110,872

※資料：国立社会保障・人口問題研究所「日本の将来推計人口」平成29年推計。

なる。**支え手の数が42％減少するのだ。したがって、２０５０年の年金受給額は、現在よりも42％減少するという推計をしているのだ。**

ちなみにスタート時点となる２０２０年の年金受給額は、モデル年金ではなく、厚生労働省「令和元年度厚生年金保険・国民年金事業の概況」に記載されている受給者平均年金月額の数字を採っている。具体的には、厚生年金が14万６１６２円、国民年金が５万６０４９円だ。合計すると20万２２１１円となり、モデル年金よりも１割ほど少なくなっている。

なお、図表１－２では夫の厚生年金に基礎年金部分が含まれていないが、図表１－５では基礎年金部分も含んでいる。

さて、結果をみると、夫婦2人の年金額は、いまから29年後の2050年で13万261円となっている。先にみた財政検証のケースⅥに基づく単純計算で算出された2052年の夫婦2人の年金月額の12万9000円とほぼ同じ水準だ。

つまり、**いまからおよそ30年後には、夫婦2人の年金月額が13万円になる**のだ。この数字はとても重要だ。月13万円という年金月額を基準に老後の生活設計をしなければならないからだ。

■年金水準の維持は可能か

このように、現行の仕組みを前提とする限り、これから公的年金の給付水準はどんどん下がっていく。しかし、**日本政府は一貫して厚生年金の所得代替率50%以上を守るという約束をしてきた**。つまり厚生年金の保険料を40年間納め続ければ、現役世代の手取り収入の50%以上の年金給付を保証すると言い続けてきたのだ。夫婦の年金13万円というのは、**その約束を大きく裏切ることになる**。だから、政府が今後年金制度の抜本改革を断行して、現状程度の年金が給付されるのではないかと期待する人もいるだろう。だが、それがとてつもなく困難であることを２０２１年９月の自民党総裁選が明らかにした。

自民党総裁選挙に立候補した河野《こうの》太《た》郎《ろう》行革担当大臣（当時）は、選挙戦のなかで年金制度の抜本改革を提唱した。**河野改革案は、基礎年金を全額消費税財源の最低保証年金に変えるとともに、積立方式の所得比例年金を導入することが柱だった。**河野氏の提案は、年金制度改革としては、理想を追求するものだ。税財源の最低保証年金を導入すれば、年金の未納期間があったとしても、一律の年金が受け取れるので、高齢期の貧困を抑制することができる。また、低所得者に大きな負担となっている月額１万６６１０円の国民年金保険料がなくなれば、低所得者の生活はすぐにでも改善する。さらに、所得比例年金を積立方式に転換すれば、現状程度の年金が将来にわたってずっと確保できる。現在の厚生年金月額は14万６１６２円、国民年金は５万６０４９円だから、専業主婦世帯夫婦の年金月額は20万２２１１円となる。けっして大きな金額ではないが、質素に暮らせば、ギリギリ暮らせる年金給付だ。

ただ、河野氏の抜本改革案の最大の問題は、大きなコストがかかるということだ。自民党総裁選の討論会では、河野候補に「この年金制度改革を行うためには、どれだけの消費税率引き上げが必要なのか」という質問が集中し、河野候補は明確な回答ができなかった。

それが、河野候補が総裁選に敗れた一つの原因になったのだ。ただ、必要な消費税率の計算は容易だ。まず、最低保証年金の導入に関しては、基礎年金と国民年金の受給権者が３６２９万人だから、平均月額給付の５万６０４９円を一律支給するために年間24兆４０００億円の財源が必要になる。これを消費税で賄うと、消費税は１％で２兆７０００億円の税収があるから、消費税率を９％引き上げる必要がある。

もう一つの問題は、積立方式への転換だ。もともと日本の公的年金制度は、積立方式を目指していたが、高齢者への年金給付を優先するため、積立金を使い込んでしまった。現時点で積立不足は７５０兆円に及ぶとされている。この積立不足を例えば30年かけて解消しようとすると、年間の負担は25兆円だ。それを消費税増税で賄おうとすれば、消費税をやはり９％引き上げる必要がある。最低保証年金と合わせると、18％の引き上げ、**つまり消費税率を28％にしないと、河野年金改革案は実現できないのだ。**

年金改革のために消費税の税率を28％にするということへの国民的合意は得られないだろう。しかも消費税は、逆進性があり、低所得者ほど負担が大きい。低所得者のなかには、当然高齢者も含まれている。**消費税財源の最低保証年金創設で、低所得者を救おうとして、消費税の大幅増税が、かえって低所得者の生活を追い詰めることになってしまうのだ。**

結局、年金制度の抜本改革は不可能で、今後ずるずると年金が減っていき、30年後には夫婦2人で月額13万円しか年金がもらえなくなるというのが、現時点で最もあり得るシナリオになっているのだ。

■月13万円で暮らせるか

先に紹介した金融庁の報告書では、年金だけで生活している高齢夫婦世帯の月額支出は26万円だった。年金月額が13万円になるということは、年金だけで暮らそうと思うと、支出を半減させることが必要になる。そんなことが現実問題として可能なのか。

２０１９年「全国家計構造調査」によると、２人以上世帯のなかで月額消費が10万円未満の世帯が４・１％、10万円以上15万円未満の世帯が13・１％存在している。大雑把に言うと6世帯に1世帯が13万円以下に消費を抑えているのだから、年金だけで暮らすことは不可能とは言えない。しかし、平均の消費額は27万９０６６円となっているから、月額13万円だと、人並みの暮らしができないどころか、相対的貧困に陥ることは明らかだ。

また13万円というのは、あくまでも夫婦の年金だ。例えば、サラリーマンの夫が妻に先立たれた場合の年金月額は9万3000円になる。この収入だと所得税や住民税はかからないが、健康保険料と介護保険料はかかってくる。これが月額7417円かかるから、手取りは8万5583円となる。これで生活が成り立つのかを考えてみてほしい。ちなみに、2021年11月10日付の朝日新聞によると、**介護保険料を滞納して預貯金や不動産などを差し押さえられた65歳以上の高齢者**が、2019年度に過去最高の2万1578人だったことが分かったという。いまの年金水準でも、これだけの人が介護保険料を支払えないのだから、年金給付が4割下がったら、**保険料を支払えない高齢者が激増する**ことは、明らかだろう。

つまり、**このまま行くと、平均的な日本人が高齢期を迎えると、「長生き地獄」にまっしぐらとなってしまうのだ。**

それではどうしたらよいのか。実は、対策はある。その内容を次章で詳しくみていくことにしよう。

第2章　年金月額13万円時代への対処法

■老後に備える貯蓄を持つ

年金が13万円に減っても、老後生活を地獄にしない対策は、いくつも存在する。本章では、それを一つずつ検証していくことにしよう。

老後に備えるために、最も分かりやすく、金融庁の報告書でも推奨された方法は、65歳の時点で老後生活を守るための十分な貯蓄を持っておくことだ。ここでは、**2人以上世帯の平均消費支出額28万円を基準に考えよう。現役世代の平均的な消費額を老後も続けることができれば、それは豊かな老後と考えてよいからだ。**

月額消費が28万円、年金月額が13万円だとすると、月の赤字は15万円だ。そして、105歳まで生き残ることを前提にすると、老後の期間は40年になる。それだけの期間の資金を準備しておけば、99％は大丈夫ということになる。

そこで計算をすると、不足資金の総額は7200万円になる。**65歳の時点で7200万円の金融資産を持っていれば、とりあえず老後は安心となる。**問題は、それが本当に実現可能かということだ。

図表2-1　純金融資産保有額の階層別にみた保有資産規模と世帯数

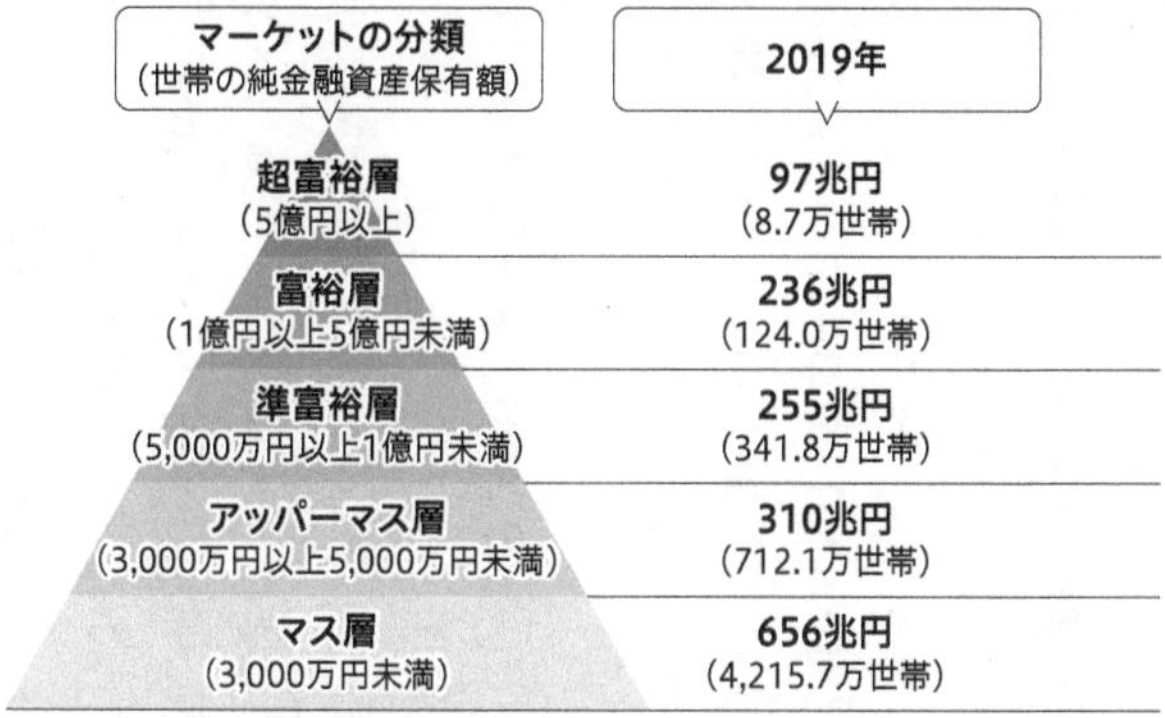

マーケットの分類 （世帯の純金融資産保有額）	2019年
超富裕層 （5億円以上）	**97兆円** （8.7万世帯）
富裕層 （1億円以上5億円未満）	**236兆円** （124.0万世帯）
準富裕層 （5,000万円以上1億円未満）	**255兆円** （341.8万世帯）
アッパーマス層 （3,000万以上5,000万円未満）	**310兆円** （712.1万世帯）
マス層 （3,000万円未満）	**656兆円** （4,215.7万世帯）

※出所：野村総合研究所　https://www.nri.com/jp/news/newsrelease/lst/2020/cc/1221_1
国税庁『国税庁統計年報』、総務省『全国消費実態調査』、厚生労働省『人口動態調査』、国立社会保障・人口問題研究所『日本の世帯数の将来推計』、東証『TOPIX』および『NRI 生活者1万人アンケート調査（金融編）』、『NRI 富裕層アンケート調査』などからNRI 推計。

野村総合研究所が２０２０年12月に発表した推計によると、１億円以上の純金融資産を持つ富裕層と超富裕層は１３２・７万世帯で、全体の２％しかいない。５０００万円以上の準富裕層を加えても９％にしかならない。つまり、９割以上の国民にとって、７２００万円もの老後資金を準備することは、現実的な話ではないのだ（図表２－１）。

単純計算で考えてみよう。現役生活が40年だとして、**７２００万円の貯蓄を作ろうと思ったら、毎月15万円の貯蓄を40年間続けなければならないのだ**。途中の引き出しは一切不可だ。そんなことが続けられるはずがない。

かつては、老後資金の大きな柱となっていた退職金は、どんどん減っている。厚生労働省の「賃金事情等総合調査」によると、２０１８年度の定年退職時の平均退職金は、１２１４万円にとどまっている。民間企業と比べて圧倒的に高い退職金をもらえる国家公務員でも、２０１８年度の定年退職者の平均支給額は２０６８万円だ。しかも、公務員を含めて、退職金の額は今後も減っていく見通しだから、やはりどう考えても７２００万円もの老後資金を作ることは、不可能と言わざるを得ないのだ。

■FIREは実現できるのか

ただ、７０００万円という貯蓄を実現できれば、年金の多寡にかかわらず、死ぬまで遊んで暮らせるという理論がいま注目されている。最近、メディアでもよく取り上げられるようになった**FIRE（ファイア）という理論**だ。ＦＩＲＥとは、フィナンシャル・インディペンデンス・リタイア・アーリーの頭文字を取ったもので、経済的な安定を早期に確立して、早期リタイアを実現しようという取り組みのことだ。もっと簡単に言うと、**一生懸命お金を貯めて、それを投資に回し、投資収益だけで暮らそうという提案**なのだ。この方法だと、元本はずっと減らないので、何歳まで生きても生活の心配がない。それは理想的な人生だということで、最近は若い人のなかに、FIREに挑戦しようとする人が増えている。

FIREで一番のキーワードとなるのが、「4％ルール」というものだ。元々は、アメリカの過去70年間の株式収益率が7％で、物価上昇率が3％であることから、差し引き4％の実質収益率が得られるだろうというものだったのだが、この4％というのは、絶妙な数字だ。例えば、数年前に日本でもベストセラーになったトマ・ピケティの『21世紀の資本』で紹介された過去200年にわたる世界の資本収益率は5％だった。5％の収益率があれば、税金を20％引かれても、4％は手元に残る勘定になる。そこでとりあえず、4％ルールを受け入れることにしよう。投資収益だけで生活するためには、投資の元本がどれだけ必要になるのか。生活費を年間300万円（月額25万円）と仮定すると、300万円÷4％＝7500万円となるから、7500万円貯蓄が達成できた途端、後は一生遊んで暮らせるということになる。

7500万円の貯蓄など絶対に不可能と思われるだろうし、いまさっき私もそう書いた。ところが、実はそれを達成する若い人がどんどん出てきている。夫婦とも正社員の共稼ぎで、子どもを作らず、生活費を切り詰めて年間300万円の貯蓄をすれば、25年間で達成できる貯蓄額だからだ。そこまで所得が高くなくても、例えば貯蓄率70%を目標に徹底した節約をすれば、普通の世帯でも不可能ではない。私が知っている一番の節約家は、年収300万円で年間200万円の貯蓄をしていた。また、最近の株高が追い風となって、予定以上に早く目標貯蓄を達成する人が続出しているのだ。そうした人の中には、早々に会社に辞表を出して、若いうちから悠々自適の生活を始めている人もいる。

ただ、私はこのFIREというのは、とても危険な人生設計だと考えている。銀行預金や国債などでの元本保証の金融商品で4%の利回りが得られればよいのだが、元本保証の金融商品の利回りは、限りなくゼロに近いのが現実だ。手取り4%の利回りを得ようと思ったら、株式のようなリスクのある商品に投資せざるを得ない。株式は、継続的に価格が下がっていくこともあり得るから、毎年安定的な投資収益は、得られないのだ。

図表2-2は1981年から2020年までの40年間の日経平均株価の推移を示したものだ。このグラフから明らかなように、投資をするタイミングによっては、大きな収益を得ることも可能だが、大きな損失を被るタイミングもある。**少なくとも、毎年安定的な収益を獲得することなどあり得ない**ことは、このグラフをみれば明らかだろう。

ここで、最も「運が悪い」場合のシミュレーションをしてみよう。1989年末に

図表2-2　日経平均株価の推移

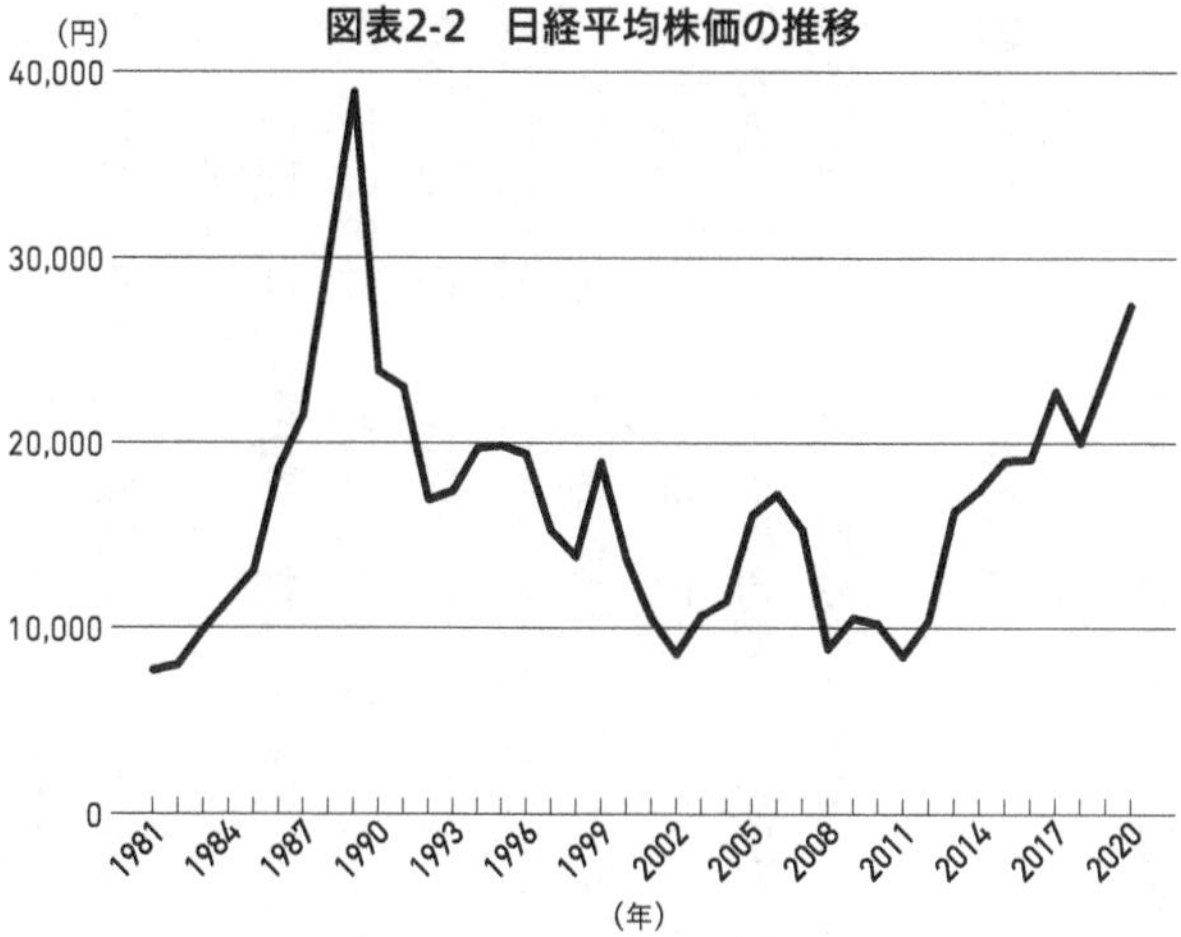

７５００万円の貯蓄に成功して会社を辞めた人がいたとする。直後にバブル崩壊がやってきて、株価は下がっていく。配当利回りが１%あったとしても、毎年３００万円の生活費の引き出しと株式の値下がり損のダブルパンチが襲って、資産は２００２年にゼロになる。

つまり、７５００万円の貯蓄を持つ富裕層から、たった13年で無職かつ無一文に転落してしまうのだ。それでも若い時であれば、もう一度裸一貫から出直すことは可能だが、すでに年金生活に入った高齢者は、そんなことはできない。だから、**老後生活に入ったら、投資で大きなリスクをとってはいけないのだ。**

それでは、投資収益だけで暮らすことは本当に不可能なのだろうか。実は方法はある。

ピケティの『21世紀の資本』によると資本の収益率は、景気動向にかかわらず5％程度で安定しているのだ。株価は大きく上下に変動するのに、なぜ資本の利益率は5％で安定しているのか。

その理由は、**富裕層が株価変動にかかわらず、確実に儲《もう》かる投資手段を持っているからだ。**世の中には、お金持ちの耳だけに入ってくるおいしい情報というのが存在するのだ。ただ、彼らの仲間に入るには、最低でも10億円の投資可能資産が必要と言われているから、庶民には絶対に手の届かない世界なのだ。

だから私は、「投資収益」という不安定な資金を普段の生活に充ててはいけないと考えている。投資をしてはいけないということではない。**投資は、全損をしても生活に響かないお金で行い、そして投資で利益が出た場合は、海外旅行に行ったり、おいしいレストランに行ったり、生活に彩りを添えることに使うべきなのだ。**

■定年まではｉＤｅＣｏ

投資の収益は不安定と書いたが、**日本には、定年までは、安定して高利回りが得られる**

商品が一つだけある。それがｉＤｅＣｏ（イデコ）だ。

イデコは、正式には「個人型確定拠出年金」と呼ばれる老後資金を形成するのを支援するための個人年金制度だ。この制度は、自分で申し込み、自分で掛け金を拠出し、自分で運用対象を選ぶことができる。運用先は、預金でも、投資信託でも構わない。積み立てたお金は、60歳以降に一時金あるいは年金の形で受け取ることができる。イデコの有利な点は、掛け金が税制上、所得控除の対象となり、運用益が非課税で、そして給付を受け取る際にも、**税の優遇措置がある**ことだ。イデコの掛け金は、所得控除される一方で、受け取るときには所得に加算される。その際、年金方式で受け取れば公的年金等控除が適用され、一時金で受け取れば退職金税制が適用される。

自営業者などで公的年金等控除の最低保証額（65歳以上の場合110万円）まで余裕がある場合は、年金方式で受け取ってもよいが、一般的には一時金で受け取ったほうが有利になる。退職金には、①分離課税、②2分の1軽課、③退職所得控除という3つの税制優遇があるからだ。ちなみに退職所得の計算は、以下に示すとおりになる。

退職所得にかかわる税金＝（収入金額－退職所得控除額）×2分の1×税率

退職所得控除額

・加入期間20年以下：40万円×加入期間年数（1年未満切り上げ。以下同様）
・加入期間20年超：（加入期間年数－20年）×70万円＋800万円

例えば、イデコに30年加入していた場合、1500万円までの受け取りは退職所得控除で控除されるので、税金は1円もかからない。ただ、会社から退職金を受け取っている場合は、退職金とイデコの受け取りが合算されて退職所得控除額が計算されるので、大きな金額の退職金を受け取っている人は、税金を払わなくてはならない。もちろん分離課税と2分の1軽課という退職金の優遇税制は受けられるので、税額は現役世代が所得税で支払う額と比べたら、はるかに小さくなる。

ただ、どうしても税額を抑えたい人には裏技が存在する。それは退職金の「5年ルール」と呼ばれるものだ。前に退職金を受け取った時から5年以上経過していれば、退職所得控除がそれぞれ全ての期間で認められるというルールだ。なぜそんなルールがあるのか、これは私の想像だが、高級官僚のために用意されているものだと思う。高級官僚は、定年前に役所を辞める。そして天下りをする。天下り先では、5～6年勤めて、再び大きな額の退職金を手にする。その「2回目の退職金」にかかる税金を少しでも小さくするために5年ルールは、作られているのだ。このルールを逆手に取って、**会社からの退職金をもらう時点より5年以上前にイデコの一時金を受け取ってしまえば、退職所得控除がフルに使えるうえに、退職金のほうも退職所得控除が勤続年数分フルに使えるのだ。**

ただし、会社からの退職金受け取り後にイデコの一時金を受け取る場合は、ルールが異なり、過去14年以内に受け取った退職金で使用した退職所得控除が使えなくなってしまうのだ。だから、例えばイデコを60歳で受け取って、退職金の受け取りは65歳からといった対応が必要になるのだが、大企業の場合は、退職金の給付を先送りしてくださいと頼んでも聞いてくれないことが多いだろう。その場合は、よく計算をして、イデコの受け取りを一時金と年金に分けるといった対策が必要になるだろう。

いずれにせよ、**イデコは「減税」という形で、いきなり確定利回りを先取りできる制度**だから、資産運用としてはとても有利なことは間違いない。

掛け金が所得控除されるということは、投資した時点で、限界税率の分だけリターンが取れることを意味する。限界税率というのは、現在の所得から、1円所得を増やしたときに、何%の税金が取られるのかという数字だ。所得税や住民税の計算は煩雑なので、子ども2人の標準世帯（妻が専業主婦）の場合、年収ごとにどれだけの限界税率があるのかを示しておこう。

年収616万円以下：15％
616万円＜年収＜801万円：20％
801万円＜年収＜1214万円：30％
1214万円＜年収＜1431万円：33％
1431万円＜年収：43％

例えば年収900万円の人が年間100万円の掛け金を支払ったとすると、その時点で、30万円が減税として戻ってくることになるのだ。こんなおいしい話はないだろう。

もちろん、掛け金には限度がある。限度を設けなかったら、金持ちが掛け金を大きく膨らませて、税を逃れてしまうからだ。

限度額は、以下のとおりとなっている。

自営業者：月額6・8万円
公務員等：月額1・2万円
確定給付型企業年金、確定拠出型企業年金のいずれもない会社員：月額2・3万円
確定拠出型企業年金のみがある会社員：月額2万円
確定給付型企業年金がある会社員：月額1・2万円

イデコの掛け金は最低月額5000円からで、上限の範囲内で1000円単位で自由に決めることができる。途中で金額の見直しはできるが、途中解約や資金の引き出しはできない。加入できる年齢は20歳から60歳までだが、**2022年5月以降は、65歳まで加入できるようになる。**

仮にイデコで20歳から65歳まで45年間、企業年金のない企業に勤務する人の限度額である2・3万円を毎月貯め続けたとすると、65歳の時点で1242万円が貯まることになる。これに減税で戻ってくる分が、限界税率を20％と仮定すると、248万円となるから、合計で1490万円を手にすることができる計算だ。実際には、ここに運用益が加わるから、イデコだけで2000万円以上の老後資金を確保することは十分可能だ。

ただ、私は、老後生活が近づいている人、具体的には**50代以上の人は、株式等のリスク資産での運用はしないほうがよいと思う**。**バブル崩壊が近づいていると思うからだ**。もしバブルが崩壊すると、せっかく貯めてきた老後資金が、いきなり半分とか3分の1とかになりかねない。若い人であれば、バブル崩壊から10年、20年経てば、株価が戻っていくことも考えられるが、老後生活が近い人は、取り戻すための時間的余裕がないからだ。

■バブル崩壊の危機

88カ月。2021年9月末時点でのアメリカの株価バブルの継続期間だ。新型コロナウイルスの感染拡大のなかでも、株高が続いていることを不審に思われている方も多いだろう。**理由は、バブルが起きているからだ**。バブルには、二つの特徴がある。

一つは、投資対象が軒並み高くなることだ。例えば、金の価格も最高値の水準だし、銀座《ぎんざ》5丁目の路線価は坪1億4122万円と90年代のバブル最盛期を2割近く上回っている。原油も木材も小麦も食用油も高値だし、ビットコインまでが5万ドルと、過去最高値を更新している。

図表2-3　シラーPERの推移

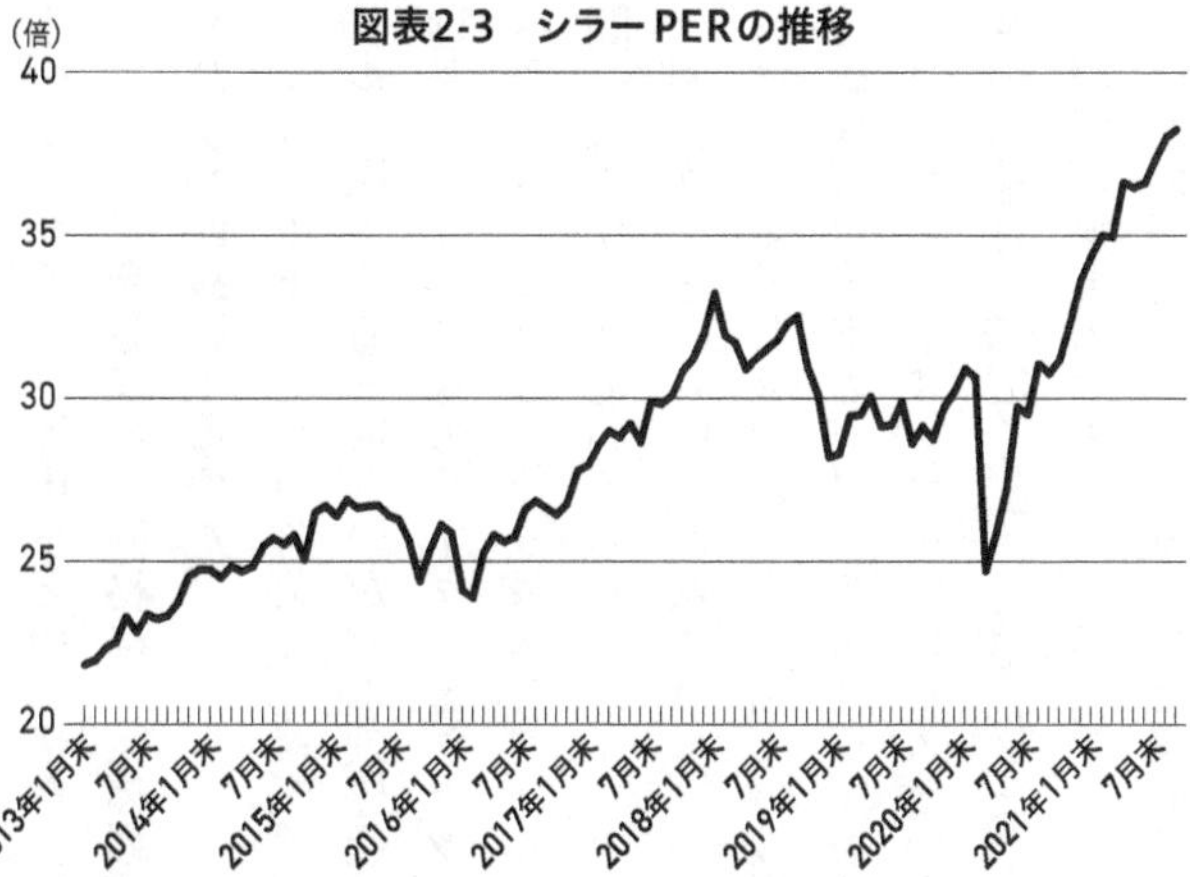

※資料：CAPEレシオ（シラーPER）の推移とチャート・速報・水準と目安（stock-marketdata.com）。

もう一つは、バブルが世界共通で発生することだ。世界の株価は軒並み高くなっており、ニューヨーク・ダウも、史上最高値の3万ドル台となっている。不動産価格も世界各国で都心部を中心にとんでもない高値になっている。

バブルが発生するメカニズムは単純だ。投資商品が値上がりすると、値上がり益を獲得する人が出る。それをみた周りの人が投資に参加する。その人たちも値上がりで儲《もう》かるから、それをみて、さらに周りの人たちが参加する。すると、さらに価格が上昇していくのだ。こうして際限なく価格が上昇していく。17世紀のオランダでチューリップ・バブルが起きたときは、チューリップの球根一つにいまの物価で500万円ほどの価格がついたという。

しかし、**金融商品の価格は、実体経済とあまりに大きくは乖離《かいり》できない。限度を超えるとバブルは崩壊するのだ。**

シラーPERという株価の割高指標がある。この指標が25倍を一定期間超え続けるとバブルが崩壊するというのが、米国株価の法則だ。2000年のITバブルは79カ月ではじけた。2008年のリーマン・ショック前のバブルは52カ月ではじけた。そして、先に述べたように2021年9月末でバブルは88カ月継続となった。ITバブルのときの継続期間を大きく超えているのだ。

図表2－3から明らかなように、バブルの継続期間が過去最長となっているだけではない。シラーPERの水準も38倍という過去最高水準に達している。山高ければ谷深しで、この株価水準だとバブルの入り口である25倍に戻るだけで株価は33％下落することになる。

ジョン・ケネス・ガルブレイスという経済学者は、生涯をバブル研究に捧《ささ》げた。その研究の結論は、「バブルがいつ弾《はじ》けるのかを予測することは誰にもできない。しかしバブルは必ず崩壊する」というものだ。

いまの経済は、膨らみすぎた風船のようなものだ。いつ破裂してもおかしくない。外れるリスクを承知で言うと、私はバブル崩壊が、極めて近いと考えている。アメリカの量的金融緩和からの脱却が近いことや中国の不動産業界第2位の恒大《こうだい》グループの経営危機など、バブル崩壊の引き金となりうる事態は、いくつも発生しているからだ。これからの投資は、大きなリスクを孕《はら》んでいることを考えておくべきだろう。

やはり、投資収益で老後を支えるという思想は、少なくとも中高年以降は捨てるべきだと思う。

■年金繰り下げは有利にならない

公的年金の繰り下げ受給の上限年齢を70歳から75歳に引き上げることを含む年金制度改革関連法が国会で成立したことにより、**２０２２年４月から公的年金の受給開始を７５歳に繰り下げることが可能になった。**本来の65歳受給開始を70歳から受給に繰り延べれば、年金月額は42％増加し、75歳受給開始に繰り延べれば、84％も増えることになる。つまり、年金の受給開始時期を10年間遅らせれば、年金月額が13万円まで下がった時代でも、受給額が84％増えるので、**夫婦の年金月額を２３万９２００円にまで増やすことができるのだ。**

しかし、このやり方には、思わぬ落とし穴があることが、年金制度改革関連法案の国会審議で明らかになった。日本共産党の宮本徹《みやもととおる》議員が、75歳受給を選んだ場合、手取りで考えると大きな損失が発生することを明らかにして、政府を追及したのだ。

政府の説明は、平均余命で亡くなれば、何歳から受給を開始しても損得はないというものだった。ところが、75歳受給開始を選ぶと、年金が84%増えるために、負担する税金や社会保険料が大きく増えてしまうのだ。

例えば、65歳から月額15万円の年金を受給した場合の税・社会保険料負担は月額5800円だが、75歳から84%増の27・6万円の年金を受け取ると、負担が月額3・6万円と6倍以上に増えてしまうという。税も社会保険料も、所得が増えると累進的に負担が増えるからだ。平均余命の87歳まで生きるとすると、生涯で受け取る年金の手取り収入は、総額で370万円も減ってしまうのだ。

同様のことを今回の設定で、再検証してみよう。話が複雑になるので、ここでは年金受給者に妻はおらず、単身世帯だと仮定している。まずは年金の給付水準が現状通りだとする。現状は夫の厚生年金が月額14万6162円だから、年収では175万4000円となる。住民税と国民健康保険の保険料は、東京都世田谷《せたがや》区のものを使って計算すると、税・

図表2-4　年金開始75歳へ繰り下げの効果

（千円）

	現行年金		将来年金	
	通常	繰り下げ	通常	繰り下げ
年収	1,754	3,227	1,116	2,053
所得税	1	66	0	14
住民税	12	143	0	39
健康保険料	73	214	52	102
介護保険料	85	104	37	85
年金保険料	0	0	0	0
雇用保険料	0	0	0	0
税＋保険料	171	527	89	240
手取り	1,583	2,700	1,027	1,814
税社保比率（％）	9.7	16.3	8.0	11.7

社会保険料負担は年間で17万1000円だ。

一方、年金受給開始を75歳からにすると、年金収入は322万7000円と、147万3000円増える。しかし、税金と社会保険の負担が52万7000円と3倍以上に増えるから、手取りは111万7000円増にとどまってしまうのだ。

それでも受給開始年齢の繰り下げで、手取り収入が大きく増えるのだから、よいのではないかと思われるかもしれない。しかし、10年間の繰り下げを選ぶということは、65歳から75歳まで一切年金を受け取らないということだ。65歳男性の平均余命は19・93年だから、65歳受給開始なら20年間、75歳受給開始だと10年間が平均的な年金受給期間となる。そこで、生涯の年金手取り収入を計算すると、65歳受給開始の場合は３１６６万円であるのに対して、75歳受給開始の場合は２７００万円と、４６６万円も生涯の年金手取り額が減ってしまうのだ。

このことの原因として、分かりやすいのは、図表２－４に示した税社保比率の欄の数字だ。これは、年収に占める税金と社会保険料負担の比率だが、65歳受給開始を選べば９・７％にとどまるのに対して、75歳受給開始を選ぶと16・３％と、負担率が７割も高くなってしまうのだ。

一方、30年後に夫婦の年金月額が13万円となる時代は、夫の年金月額は９万３０００円となる。年収で１１１万６０００円だから、所得税や住民税は一切かからない。税・社会保険料負担比率も８・０％にとどまる。そして、75歳から受給開始を選んでも、税・社会保険料負担比率は11・７％と、それほど高いレベルにはならない。それでも、生涯の年金手取り額は、65歳受給開始が２０５４万円に対して75歳受給開始は１８１４万円となるから、年金受給開始を10年繰り下げると２４０万円減少してしまう。

また図表２－４では、健康保険料を一律に国民健康保険の保険料で計算しているが、実際には、75歳からは、後期高齢者医療制度が適用される。後期高齢者医療制度のほうが、所得による累進性が大きい。後期高齢者医療制度では、将来年金の111万6000円の場合のように、課税所得がゼロとなる場合は、後期高齢者医療の保険料の所得割はかからず、年額4万4100円の均等割も最大の7割軽減が適用される（東京都世田谷区の場合）。そのため、年間の医療保険負担はたった1万3200円で済むのだ。

ところが75歳からの年金受給開始を選ぶと、年金月額が84％増え、所得税と住民税がかかってくる。医療保険の所得割もかかるようになり、減免もなくなるから、医療保険の負担は7倍近くになってしまうのだ。

しかも問題は、税金や社会保険料だけではない。一番大きな問題は、住民税が非課税でなくなると、さまざまな負担が降りかかってくるということだ。例えば、住民税が非課税だと、介護保険料が軽減されたり、高額療養費の自己負担上限が低くなったり、自治体からのさまざまな補助の対象になる。**住民税非課税世帯ではなくなった途端にこれらのメリットは消失してしまうのだ。**

現行の平均的な厚生年金の受給額は175万円だから、単身者の場合、公的年金等控除の110万円と住民税の基礎控除の43万円、社会保険料控除15万8000円の合計168万8000円を超えるので、年金だけで住民税非課税ではなくなってしまう。一方、扶養配偶者がいる場合は、扶養控除の33万円が加わるので、住民税は非課税になる。ただ厳密に言うと、住民税が非課税となる年金収入の年額は、居住する自治体によって微妙に異なるが、東京23区内の場合、単身者は155万円以下、扶養配偶者がいる場合は211万円以下となっている。そのため、夫が元サラリーマンの場合でも、国民年金の配偶者がいる場合は、住民税非課税の地位を手にできるのだ。

さらに、年金収入が住民税非課税の水準を超えそうな人にも手はある。年金を繰り上げ受給すればよいのだ。受け取り開始を65歳より前に早める「繰り上げ受給」の場合、2022年4月からは、減額率が1カ月当たり0・4%に圧縮される（それまでは、0・5%）。だから175万円の厚生年金を受け取る予定の単身者が、住民税非課税になろうと思ったら、年金を30カ月、つまり2年6カ月早めに受給すればよいのだ。62歳で引退すれば、体力のあるうちに「老後」が手に入るから、人生を謳歌《おうか》する時間を延ばすことができる。私は重要な選択肢だと思う。

ただ、もちろん問題はある。まず、年金受給額が12・0%減の状態が生涯続くということだ。しかも、今後の年金水準の減少を考えると、そこからさらに4割程度減の年金額が想定される。最終的に夫婦で11万3000円の年金で暮らせる態勢を整えないといけない。

不可能ではないと思うが、ライフスタイルの大きな転換が必要だ。

また、1961年4月1日までに生まれた人には特別支給の厚生年金が支給されるから、65歳になるまでは、年金受給開始を繰り上げても、必ずしも住民税非課税とはならない。さらに公的年金等控除の最低保障額も、65歳未満の場合は、60万円しかないから、年金の繰り上げ請求をしたとしても、65歳までは税金や社会保険料を払わないといけないのだ。ただ、長い人生を考えれば、65歳までの数年間の負担は我慢できるのではないだろうか。

■働き続けるという選択肢

いま政府が採用している高齢社会を乗り切る基本戦略は、「高齢就業シナリオ」だ。表向きは、働き続けることが健康や生きがいの確保につながるので、就業を続けましょうと政府は言っている。そのことは、まったくのウソではないのだが、政府の本音は公的年金制度の崩壊を防ごうということだろう。**高齢者に働いてもらえば、その人は年金の受給者から、年金保険料の納付者に変わるから、年金財政がダブルで改善するのだ。**

そこで政府はいま高齢者を働かそうと躍起になっている。実際、2021年4月から改正高年齢者雇用安定法が施行されて、事業主には70歳までの就業機会を確保する努力義務が課せられた。法律が70歳まで働くべきだというのなら、いっそのこと死ぬまで働き続ければ、年金収入に勤労収入を加えることで豊かな老後生活が可能になる。しかし、**ずっと働き続けることには、思わぬ落とし穴がある。そして、死ぬまで働き続けるということ自体が本当に可能なのかということも考えておかないといけない。**

総務省の「労働力調査」で2020年の年齢別の就業率(人口のうち何%が働いているかという数字)をみると、60〜64歳は71・0%と7割以上の人が働いているが、65〜69歳は49・6%と半分を切り、70〜74歳は32・5%と3分の1になり、75歳以上だと10・4%と1割になってしまう。年齢を重ねると、体のあちこちに不具合が出てくるから、現実問題として、ずっと働き続けるということ自体が、とても困難なことなのだ。

また、仮に働き続けられたとしても、どれだけ収入が得られるのかという問題もある。「労働力調査」によると、15〜64歳の生産年齢人口は、非正社員の比率が33・2%と3分の1にとどまるが、65歳以上の場合は76・5%と非正社員が4分の3を超えている。65歳を過ぎても正社員で雇い続けてくれる会社が非常に少ないことを考えれば、当然の結果だろう。

それでは、非正社員で働くことで、どれくらいの収入が得られるのだろうか。厚生労働省の「賃金構造基本統計調査」によると、65歳以上の非正社員短時間労働者の平均時給は1433円と決して低くない。月間労働日数は15・9日で、週に4日働いていることになる。そして1日の労働時間が5・1時間、年間の賞与が4万7900円となっているから、賞与も含めた月収は12万344円というのが、平均的な姿になる。これだけの収入が年金に加われば、年金月額を13万円としても、月収は25万円になるから、十分生活を続けることが可能になるだろう。

その場合でも、問題は仕事の内容だ。「労働力調査」で、65歳以上の人がどんな職業についているのかをみると、管理的職業、専門的・技術的職業、そして事務従事者のいわゆるホワイトカラーに従事している人は、全体の25・6%に過ぎない。定年前の55歳から59歳では、44%がホワイトカラーだから、高齢期には、ホワイトカラー以外の仕事に転ずる人が多くなるのだ。65歳以上の職業で（ホワイトカラー以外で）一番多いのが、サービス職業従事者で14・9%を占めている。サービス職業というのは、家事サービス、介護・身の回り用務・調理・接客・娯楽やビルの管理人など個人に対するサービスをする人のことだ。次に多いのは、運搬・清掃・包装等従事者で12・7%だ。三番目に多いのが農林漁業従事者で12・0％、そして生産工程従事者が10・5％と、ここまでが10％を超えている職業となっている。

現役時代から続けている人はあまり問題ないのだが、ホワイトカラーでずっとやってきた人が、調理や接客、清掃などの仕事にうまく馴染《なじ》めるだろうか。そして、生きがいを感じることができるだろうか。

少し極端に類型化すると、現役時代に正社員ホワイトカラーだった人は、定年後も正社員のホワイトカラーのまま仕事を続けられる人と非正社員のブルーカラーやグレーカラーに変わらざるを得なくなる人の二つに大きく分かれるものとみられる。

前者の場合は、働き続けることに何の問題もないだろう。しかし、後者の場合は、仕事の目的が生活費を稼ぐためだけになってしまうことが多いのではないかと私は考えている。

私は、体が動く限り働き続けるという生き方自体には賛成なのだが、一つだけ条件があると考えている。それは、「楽しい仕事」をするということだ。長年働いてきたのだから、定年後くらいやりたいことをやるべきではないだろうか。ただ、問題は、楽しい仕事ほど報酬が少ないという現実だ。楽しい仕事をしながら、豊かな老後を過ごすというシナリオは、現実にはとてもむずかしいことなのだ。

図表2-5　年金と勤労収入を合わせたときの税・社会保険料負担（将来厚生年金）

（単位：千円）

	年金のみ	50万円	100万円	200万円	300万円	400万円	500万円	1000万円
年収	1,116	1,616	2,116	3,116	4,116	5,116	6,116	11,116
所得税	0	0	0	19	47	76	118	748
住民税	0	0	0	48	103	162	226	598
健康保険料	52	52	55	98	148	197	246	492
介護保険料	37	37	48	93	93	104	119	171
年金保険料	0	0	0	183	275	366	458	915
雇用保険料	0	0	0	6	9	12	15	30
税＋保険料	89	89	103	447	674	916	1,182	2,954
手取り	1,027	1,527	2,013	2,669	3,442	4,200	4,934	8,162
税社保比率（%）	8.0	5.5	4.9	14.3	16.4	17.9	19.3	26.6

■収入増の落とし穴

公的年金だけでは賄いきれない生活費を補うために働くというのは、よくあるパターンだ。ただ、**勤労収入を増やしていくと、年金の受給開始年齢を繰り下げたときと同様に、税金や社会保険料が急増していく。**

図表2－5は、30年後に年金が夫婦で13万円になった時代に、年金の減少を勤労収入で穴埋めしようとしたときの税・社会保険料負担をシミュレーションしたものだ。ちなみに、ここでも煩雑さを避けるために夫の厚生年金月額は9万3000円で、妻はいないものとして計算している。

収入が年金のみの場合は、健康保険が年間5万2000円と介護保険が3万7000円の合計8万9000円かかるだけで、年金収入の9割以上が手取りになる。しかし、年間300万円分働くと、税＋社会保険料で67万4000円の負担となり、さらに500万円、1000万円と勤労収入を増やしていくと、税＋社会保険料が加速度的に増えていく。ちなみに年収1000万円分働いて稼ぐと、税＋社会保険料が295万4000円という巨額に達する。まったく働いていない場合の税・社会保険料負担比率は8・0%だが、年間1000万円の給与収入を得ると、税・社会保険料負担比率は26・6%と、3倍以上に増えてしまうのだ。

税金が急増するのは、日本の所得税制が累進課税制度になっているからだが、健康保険や介護保険も収入が増えると負担率が上がっていく。例えば、後期高齢者医療の保険料は、都道府県によって異なるが、均等割の他に所得の9%程度の所得割が課せられる。介護保険料も市町村によって負担が異なるが、私が住んでいる埼玉県所沢《ところざわ》市では、年間の負担額が、所得に応じて最低1万9200円から最高13万8200円まで、7倍以上の差が存在している。

図表2－6は、年金が4割減になる将来ではなく、現行の厚生年金給付を前提に、年金

図表2-6　年金と勤労収入を合わせたときの税・社会保険料負担（現行厚生年金）

（単位：千円）

	年金のみ	50万円	100万円	200万円	300万円	400万円	500万円	1000万円
年収	1,754	2,254	2,754	3,754	4,754	5,754	6,754	11,754
所得税	1	1	16	51	78	117	181	876
住民税	12	12	42	111	166	224	289	662
健康保険料	73	73	116	98	148	197	246	492
介護保険料	85	85	85	93	104	119	126	171
年金保険料	0	0	0	183	275	366	458	915
雇用保険料	0	0	0	6	9	12	15	30
税＋保険料	171	171	260	542	779	1,034	1,315	3,145
手取り	1,583	2,083	2,494	3,212	3,975	4,720	5,439	8,609
税社保比率(%)	9.7	7.6	9.4	14.4	16.4	18.0	19.5	26.8

をもらいながら給与収入を増やしていったときの負担のシミュレーションだ。この表のなかで、注目してほしいのは、年間50万円分働いたときと、１００万円分働いたときの負担の差だ。50万円分働いても、税金や社会保険料は一切増えないのに対して、１００万円だと地方税や社会保険料の負担増が伴う。なぜこんなことが起きているのか。

パートタイム労働者の間では、「１０３万円の壁」という言葉が広く知られていて、年間１０３万円までの給与収入に所得税は課税されない。その理由は、給与所得控除の存在だ。自営業者は必要経費を売上から控除できるが、勤労者が全員経費申告をしたら、税務当局の作業がパンクしてしまう。そこで、勤労者には概算の経費として、収入に応じた給与所得控除が認められているのだ。給与所得控除には55万円という最低保証がある。その55万円に基礎控除の48万円を加えた控除金額が１０３万円という額だ。収入が１０３万円未満なら控除額が収入を上回るので、所得がゼロになる。つまり、税金がかからないのだ。

それでは、高齢者の場合はどうだろう。高齢者の就業率は年々高まっていて、２０２０年は前述のとおり、65～69歳の49・６％が働いている。70歳まで年金受給権者の半数が働く社会では、年金を受給しながら働くときの税金や社会保険料はとても重要だ。

公的年金の収入は税制上、給与所得ではなく雑所得に分類されている。そのため公的年金には、給与所得控除ではなく、公的年金等控除が適用される。

実は、給与所得控除や公的年金等控除といった所得控除の制度が、２０２０年に大きく変更された。誰にでも適用される基礎控除が38万円から48万円へと10万円増額されたのに対して、給与所得控除の最低保証が65万円から55万円へと10万円減額され、公的年金等控除の最低保証額も65歳以上の場合、１２０万円から１１０万円へと10万円減額された。給与所得だけの人や、年金所得だけの人は、基礎控除の増額を給与所得控除や公的年金控除の減額で相殺されて、控除額の合計は変わらないのだが、問題は年金をもらいながら働いている人だ。単純に新制度を適用すると、控除の増額が10万円で、減額が20万円となるので、**働く高齢者が増税されることになってしまう。**

そこで新たに作られたのが、所得金額調整控除だ。この控除は、給与所得控除後の給与等の金額および公的年金等に係る雑所得の金額があり、給与所得控除後の給与等の金額と公的年金等に係る雑所得の金額の合計が10万円を超える場合に適用される。控除額の計算は、以下のとおりだ。

所得金額調整控除額＝｛給与所得控除後の給与等の金額（10万円を超える場合は10万円）＋公的年金等に係る雑所得の金額（10万円を超える場合は10万円）｝－10万円

少し複雑なので、具体例で考えてみよう。2019年の厚生年金の平均は175万円だから、公的年金等控除と基礎控除を引いても所得が発生する（175万円－110万円－48万円＝17万円）。このため、調整控除が適用されて、年間65万円（給与所得控除55万円＋調整控除10万円）までの給与所得には所得税や住民税がかからない。

一方、国民年金の場合は、平均受給額が67万円だから、公的年金等控除の範囲内となり、公的年金の所得はゼロとなる。このため調整控除は適用されない。ただ、基礎控除を使っていないので、年間103万円（給与所得控除55万円＋基礎控除48万円）までの給与所得の所得税が非課税となる。

ただし、後述するが、**非課税で重要になるのは所得税ではなく、住民税**のほうだ。住民税の場合は基礎控除が43万円と、所得税の基礎控除よりも5万円少ない。そのため、国民年金受給者は、単純計算だと、年間98万円（給与所得控除55万円＋基礎控除43万円）までの給与収入の住民税が非課税となるのだが、実は住民税の課税最低限は、自治体ごとに微妙に異なっている。例えば、東京23区の場合は、給与収入の課税最低限は年収100万円までだ。国民年金受給者の場合、月額8万3333円というのが、無税で収入を増やせるギリギリのラインなのだ。一方、平均的な厚生年金受給者の場合は、無税で給与収入を増やせるのは、年間65万円まで。つまり、月額5万4166円までということになる。

逆に言うと、厚生年金受給者が、老後もずっと月額5万4000円の給与をもらい続けるというのは、税制面を考えると賢い働き方だということになる。**収入がすべて給与所得控除と調整控除で控除されるので、所得が発生しない。**所得ゼロだから税金を支払う必要もないし、年金保険料の支払いも必要がないからだ。夫婦それぞれが5万4000円の給料をもらえば、年金月額が13万円の時代になっても、月収は23万8000円と、かなりよい生活をすることができる。

また、月収が5万4000円でよければ、好きな仕事を選ぶこともできるだろう。そんなに都合よく月給5万4000円の仕事は見つからないと思われるかもしれないが、パートタイムやアルバイトとして、月5万4000円分だけ働けばよいだけの話だ。

さらに自分の会社を設立して、売上はすべて会社に入れてもらい、その会社から毎月5万4000円の給料をもらうという手もある。もちろん会社を運営するためには、何らかの売上を得ることが必要だが、そこは自分の得意なこと、あるいは好きなことを収入にすればよい。例えば、手先の器用な人は便利屋をやってもよいし、ウエブデザインを請け負ったり、イベントのカメラマンをしたりと、いくらでも方法はある。私が運営する「客のこない」博物館でさえ、少額だが、売上はあるのだ。

■他にもある負担増

実は、**年収を増やすことによる負担増は、税金と社会保険料だけではない。**例えば、**医**

療費の窓口負担だ。中所得の後期高齢者の医療費窓口負担を1割から2割に引き上げる医療制度改革関連法が2021年6月4日の参院本会議で可決、成立した。これで2022年度後半から**後期高齢者の窓口負担は3パターンに分かれる**ことになる。

まず低所得者は、これまでどおり1割負担が継続される。次に中所得者（単身世帯は年収200万円以上、複数世帯で年収320万円以上）は2割負担となり、そして現役並み所得者（単身世帯で年収383万円以上、複数世帯で520万円以上）は、3割負担のままだ。

つまり、単身世帯の場合、年収200万円以上383万円未満の所得層、複数世帯の場合、320万円以上520万円未満の所得層の窓口負担が、1割から2割に上がるのだ。**窓口負担がいきなり2倍になるのだから、これは相当な負担増**と言えるだろう。

ここで問題になるのが、単身で年収200万円以上という中所得層のラインだ。実はこれはかなり微妙なラインだ。2020年に厚生労働省年金局が公表した「令和元年度厚生年金保険・国民年金事業の概況」によると、厚生年金の平均年金月額は、14万6162円だ。年収だと175万3944円になる。つまり、年間27万円収入を増やすと、医療費の自己負担が2割になってしまうのだ。

ただし、中所得者の医療費負担が一律2倍になるというわけではない。高額療養費制度があるからだ。医療費負担があまりに高額になると生活が破綻《はたん》してしまうので、1カ月に負担する医療費には上限があり、その上限を超える分は高額療養費として戻ってくるのだ。

入院した場合の医療費負担の上限は、①世帯員全員が住民税非課税かつ全員の課税所得がゼロ（年金収入80万円以下）の場合は1万5000円、②世帯員全員が住民税非課税（年金収入150万円以下）の場合は2万4600円、③課税所得145万円未満は5万7600円、④課税所得145万円以上380万円未満は8万100円、⑤課税所得380万円以上690万円未満は16万7400円、⑥課税所得690万円以上は25万2600円となっている（課税所得145万円以上の場合には医療費に応じた上乗せあり）。あまりいないとは思うが、後期高齢者になって課税所得690万円以上の高年収を得ていると、最大1カ月25万円もの医療費負担が降りかかってくる可能性があるのだ。

高齢期に高い収入があるというのは、一見よさそうに見えるのだが、税や社会保険料や高額療養費のことなどを考えると、大きな問題になる。**高齢期に一番有利なのは、年収を住民税の非課税限度額以下に抑えることだ。**住民税が非課税だと、これまでにみてきたように、介護保険料が軽減されたり、高額療養費の自己負担上限が低くなったり、さらには、自治体からのさまざまな援助の対象になったりするからだ。

■住民税非課税という最強の武器

　ここまでみてきたように、住民税が非課税になると、社会保険料が安くなったり、高額療養費制度の負担限度額が小さくなったり、医療費の窓口負担が小さくなったりと、数々のメリットがある。これらはいつでも適用されるものだが、**住民税非課税世帯には、スポット的にメリットが与えられることも多いのだ。**

　例えば、2019年10月の消費税率引き上げに伴って、プレミアム付商品券が販売された。この時のプレミアム付商品券は、最大2万5000円分の商品券を2万円で購入できた。つまり、商品を2割引きで買えたことになる。このプレミアム付商品券を買うことができたのは、子育て世帯と住民税非課税者だけだった。住民税が課税されている人に扶養されている人は対象外だったが、住民税非課税の人に扶養されている配偶者も対象となった。つまり世帯としては、5万円分の商品券を4万円で買えたのだ。

　また、2014年の消費税率引き上げのときにも、1万円の臨時福祉給付金が支給されたが、この時の対象も住民税非課税者だった。

さらに、最近も住民税非課税者の優遇は、行われている。新型コロナウイルスの感染拡大に伴って、政府は、2020年3月25日から「緊急小口資金等の特例貸付」を実施した。感染拡大の影響で収入が減少した人を対象に最大20万円の資金を貸し付けることにしたのだ。一括交付で、利子・保証人が不要という好条件で2021年11月まで受け付けが行われた。この緊急小口資金の特例貸付について、2021年6月にテレビ朝日系『朝まで生テレビ！』に出演した際、国際政治学者の三浦瑠麗《みうらるり》氏が、「評論家のなかには、緊急小口資金を返さなくてよい場合があるという事実を知らずに論評している人がいる」と発言した。正直言うと、私は返済不要となる場合があることを知らなかった。借金は返さないといけないと思い込んでいたからだ。もちろん、返済免除には条件がある。住民税非課税だ。

住民税が非課税だと返済が免除されるのだ。

また、2021年7月からは「新型コロナウイルス感染症生活困窮者自立支援金」（以下、自立支援金）も始まった。その給付要件はとてつもなく厳しいものだ。まず、支給対象は、緊急小口資金等の特例貸付の枠を使い切った人で、ⓐ収入要件、ⓑ資産要件、Ⓒ求職等要件の3つの要件を同時に満たした人だけだ。収入要件は、月額収入が①市町村民税均等割非課税額の12分の1と②生活保護の住宅扶助基準額（東京都特別区の場合、単身世帯

13・8万円、2人世帯19・4万円、3人世帯24・1万円）の合算額を超えないこと、資産要件は、預貯金が①の6倍以下であること（ただし100万円以下）、求職等要件は以下の㋐、㋑いずれかの要件を満たすことだ。㋐ハローワークに求職の申込をし、誠実かつ熱心に求職活動を行うこと、㋑就労による自立が困難であり、本給付終了後の生活の維持が困難と見込まれる場合には、生活保護の申請を行うこと。

給付額は単身世帯が6万円、2人世帯が8万円、3人以上世帯が10万円で、3カ月間給付される。

年金生活者でも就労していて、その収入が新型コロナウイルスの影響で減少していれば、給付を受けられるのだ。住民税が非課税だと、特例貸付の返済が不要になり、給付金まで受けられる可能性が出てくる。どう考えても、住民税非課税が有利であることは間違いないだろう。

■お金より大切な健康

ここまでは、お金の問題を中心にみてきたが、**老後生活を送るうえで、お金より重要な**

ことは、健康を維持することだ。健康でなくなれば、医療費が大きな負担となって襲い掛かってくるだけではない。長期の入院を余儀なくされたら、その間人生を楽しむことができなくなるし、介護施設に入所したら、行動がかなり制約されてしまうからだ。

もちろん、癌のように予防がなかなか難しい病気があるのは事実だし、加齢とともに体力は確実に衰え、免疫力も落ちていく。

ただ、そうしたなかでも**健康を維持していくための基本がある。それは、適度な運動と腹八分目のヘルシーな食事だ。**私は仕事柄、多くの医師と話をする機会があるのだが、医師たちが共通して主張する健康の秘訣《ひけつ》が、この2つなのだ。

「老化は足から」とよく言われる。テレビ番組で、「歩く速度と余命は反比例する」と医師が言っていた。その法則は、私の周囲の事例をみても正しいと思う。足の筋肉が衰えて、ずっと座ったまま1日中テレビをみていたら、あっという間に体が衰えてしまうのは明らかだろう。筋肉は使わないでいると、すぐに衰える。長期入院をした人とか、狭い宇宙船で長い時間を過ごした宇宙飛行士が、まず歩行訓練をリハビリの第一歩に据えているのが、何よりの証拠だ。だから、**年齢を重ねるほど、意識して体を動かし、自らの足で歩く生活をしなければならないのだ。**

運動とともに重要なのが食事だ。中高年以上の人は、すでに耳にタコができるほど、聞かされているだろう。塩分を抑えて、野菜中心のヘルシーな食事を続けることが、健康維持のためにはとても大切なのだ。

ただ、いくら健康に気を付けていても、必ず病魔は襲ってくる。そして、最終的には、多くの高齢者が、要介護の状態になるのだ。

元気だった私の父は、2006年11月に突然、脳出血で倒れた。幸い一命は取りとめたのだが、左半身不随になってしまった。それから半年間、国立のリハビリテーションセンターで、リハビリを行った。父は、隣に誰かついていれば、200メートルほど歩けるまでに回復したが、小泉《こいずみ》構造改革の一環で、慢性病患者の入院は半年までというルールが設定されたため、**父はリハビリが完了する前に病院を追い出されることになった。**

問題は、誰が父を引き取るのかということだった。私は長男で、弟との2人兄弟なのだが、事実上選択肢はなかった。自宅内で介護をするためには、介護用ベッドを入れるためのスペースが必要になる。その他にも手すりを付けたり、親の私物を保管するスペースも必要だ。弟の家は東京だったので、そんな余裕スペースがなかったのだ。

我が家での介護は、1年3カ月にわたったのだが、要介護4の父を自宅で介護するのは、限界を超える負担だった。父の健康状態が悪化したこともあって、その後、介護施設に父を入れることになった。最初に頭に浮かんだのは、特別養護老人ホームだった。特別養護老人ホーム（介護老人福祉施設）とは、常時介護を必要とし、在宅での生活が困難な高齢者に対して、生活全般の介護を提供する公的な施設だ。一般的には「特養」とも呼ばれている。特養の入所基準は原則として要介護3以上だから、父はその基準を満たしていた。特養なら自己負担が毎月10万円程度からと、父の年金の範囲内で収まる金額だった。しかし、**特養はすぐに入れるとは限らない**。我が家の場合、1から2年待ちと言われた。しかも、それで確実に入れるとは限らないと言われたのだ。

実際、２０１９年12月に厚生労働省が公表した資料によると、全国の待機者は要介護3～5の人だけで29・2万人にも達している。

政治的にみると、保育所の待機児童に関しては、ゼロにしようという政策が重視され、実際に待機児童解消に向かっているのだが、**なぜか特養の待機者をゼロにしようという運動は、なかなか進まない**。結局、我が家は、料金の高い民間の介護老人保健施設に父を入れることにした。後述するが、**民間の介護施設に入ることも視野に入れて、老後の住まいを選ばないといけないのだ**。

■資産があると介護施設の負担が上がる

こうして考えてくると、現役世代のうちにできるだけ貯蓄を増やして、年金を繰り上げ受給して、住民税非課税の地位を確保したうえで、月5万4000円だけ働きながら、不足分は貯蓄を取り崩すというのが有利ということになりそうだが、**実は政府はそうした戦略をつぶしにかかってきている。**預貯金の額に制限をかけはじめたのだ。自立支援金にも預貯金が100万円以下という条件がつけられたが、それだけではないのだ。

2021年8月から介護施設利用料のうち、食費・部屋代の補助を受けられる条件が厳しくなった。例えば、単身世帯で年金などの収入が80万円以下の人は、これまで預貯金が1000万円以下なら補助を受けられたのが、8月以降は、預貯金が650万円以下でないと、受けられなくなった。その結果、食費と部屋代がすべて自己負担になり、毎月3・2万円から6・8万円の負担増となったのだ。ちなみに年金収入が80万円超120万円以下の場合は550万円、年金収入120万円以上で住民税非課税の人は500万円というのが預貯金の限度となり、それ以上の預貯金を持つと、補助の対象から外される。

それなら預貯金を株式に換えてしまえばよいと思われるかもしれないが、有価証券や投資信託も、預貯金に含まれることになっているので、そうした預貯金隠しはできない。

ちなみに、住民税が課税されている人（年金収入がおよそ１５０万円以上の人）は、この制度改正以前から食費・部屋代の補助は、適用されていない。施設によって大きく異なるのだが、介護保険適用の老人保健施設の月額利用料は、食費と部屋代の補助がない場合で、最も安い特別養護老人ホームの２人部屋で８万円前後、個室で15万円前後だ。私の父は民間の介護施設に入っていたが、そこは個室で月額30万円程度だった。そうした料金から低所得者に対しては、これまで２万円から７万円程度の補助があった。だから、最も安い施設の場合、国民年金だけでも施設利用料が支払えたのだが、預貯金が多いと、それも不可能になってしまったのだ。

介護施設での食費と部屋代は、介護保険制度ができた時点では、すべて介護保険から支払われていた。しかし、２００５年に食費と部屋代が原則自己負担になり、低所得者を救うために補助制度ができた。そして２０１５年からは、一定の預貯金がある人が、補助の対象外となった。**２０２１年から補助の対象となる預貯金額の上限が引き下げられたのだ。**

制度変更の理由は、もちろん介護保険の財政が苦しいことだが、正直言って、この制度変更はひどいなと思う。1億円以上の預貯金を持っている人を外すというのであればまだ分かるが、650万円というのは、高齢者が普通に持っている預貯金の額だ。しかも、老後の生活を考えてコツコツ貯めてきた資金だ。それを、たくさんお金を持っているのだから、介護施設利用料として、たくさん払いなさいというのは、筋が通らないと思う。

ただ、**政府が預貯金のある人を切り捨てにきたということは、間違いない**ので、それに対抗する究極の手段は、貯蓄を持つのではなく、**公的年金の範囲内で基礎的な生活費を賄うということになる**のではないか。つまり**夫婦で月額13万円の収入になっても、生きていくことができるように、ライフスタイルそのものを構造改革するのだ**。普段は質素な生活をしていて、たまに贅沢《ぜいたく》をしたいときは、預貯金を取り崩す。投資で大きく儲かったときには、夫婦で旅行に出かける。働きに出て給料をもらったときには外食に出かける。ただ、何もないときは、13万円だけで生活が回るようにするのだ。

そうした生活に関しては、次章で詳しく検討していくが、私は夫婦で13万円の暮らしには絶対的な条件があると思う。それは、**自分の家を持っているということだ**。

先日、歌手のさくらまやさんとテレビ番組で共演したのだが、さくらさんは、22歳のときに茨城県に家を建てたそうだ。未婚であるのに、なぜそんな若さで家を買ったのか聞くと、彼女は「家さえあればなんとかなる」と答えた。芸能界の荒波を乗り越えてきたさくらさんの言葉は正しいと思う。家さえあれば、本当になんとかなる。少なくともホームレスになることはないし、食べていくだけだったら、そんなにお金はかからないからだ。

■相続対策も必要

家を持っておいたほうがよいと書いたばかりだが、私は**大都市に家を持つことは大きな問題がある**と考えている。地価が高い大都市では、莫大《ばくだい》な相続税の支払いが避けられないだけでなく、残された家族の資金ショートを招く可能性が高いからだ。

2015年の税制改正で、相続税の基礎控除が4割も引き下げられた。現在の基礎控除は、3000万円の定額と相続人1人あたり600万円の加算だけだ。例えば、子供2人が相続するケースだと、基礎控除は3000万円＋600万円×2で、4200万円となる。相続財産がこの金額を超えると相続税がかかるのだ。

相続税の計算の際、家の評価は、建物が固定資産税の評価額、土地は路線価で求めると決められている。建物の評価は、建築からの経過年数に応じて減額されていくが、問題は土地だ。当然の話だが、大都市の地価は高い。例えば東京都世田谷区だと、実勢価格の8割と言われる路線価でも、坪当たり250万円前後はする。この地価だと、17坪の土地だけで、基礎控除を超えてしまう。田舎の場合は、路線価が10分の1以下だから、預貯金を大量に持っていない限り、相続税の心配はほとんどない。

相続税の最大の問題は、死亡を知った日の翌日から10カ月以内にキャッシュで納税しなければならないということだ。期限に間に合わないと、最初の2カ月は年利2・5%、それ以降は年利8・8%の延滞税を支払わないといけなくなるのだ。

ところが家の売却には時間がかかる。遺品の整理だけでも相当な時間を取られるし、誰が相続するのかという家族間の話し合い、売却の手続きなどで膨大な時間が必要になるからだ。ただ、そうなると10カ月間しかない相続税の納付期限に間に合わなくなる。だから、残された家族に迷惑をかけたくなかったら、相続税を支払うための金融資産をしっかり残す必要が出てくる。そうなったら、老後資金がますます減ってしまうのだ。

そうしたことを含めて、**老後生活は家をどこに構えるのかによって、ライフスタイルが大きく変わってしまう。**そこで次章では、家の立地ごとに、どのような「年金13万円時代を生き抜く術《すべ》」があるのかを見ていこう。

第3章

年金13万円時代に備える3つのライフスタイル

■定年後の住まいは3パターンに分かれる

年金13万円の時代に、どうしたら豊かで安定した老後生活を送れるのか。私は**最大のカギは、できる限り公的年金の範囲内で暮らせるように家計の構造改革をして、お金のために働く必要がないようにすること**だと考えている。そんなことが本当にできるのかと思われるかもしれないが、私は可能だと思う。

定年後の住まいは、①大都市に住み続ける、②田舎に移住する、③都会と田舎の中間のトカイナカに住むという3パターンに分かれると私は考えている。そこで、この3パターンごとに年金13万円時代の老後生活を考えていこう。

1．大都市に住み続ける

この3パターンのなかでは、老後も大都市に居住し続けることを考えている人が一番多いだろう。日本は、東京・大阪・名古屋《なごや》の3大都市圏の人口が51％と半数を超えていて、札幌《さっぽろ》や福岡など3大都市圏以外の大都市を加えたら、それよりずっと多くの人が大都市居住者になっているからだ。住み慣れたところで暮らし続けたいと考えるのは、当然のことだ。

大都市の最大の魅力は、利便性だ。列車は数分ごとに運行されているから、わざわざ時刻表をみなくても、ふらりと駅に行けば、すぐに列車がやってくる。バスも頻繁に運行されているし、タクシーもたくさん走っているから、手を挙げればすぐにタクシーが止まってくれる。コンビニもスーパーもたくさんあるから、買い物にでかけるのも時間がかからない。飲食店も、庶民的な店から高級店まで揃っている。日本中の食材と優秀な調理人が大都市に集まってくるから、わざわざ地方に出かけなくても、あらゆる地方や世界の国々の料理を堪能《たんのう》することができる。そして、**高齢者にとって一番心強いのが、医療機関が充実しているということだ。**小さな診療所を構える専門医から、大規模な総合病院まで、まさに選び放題で、充実した交通網を使えば、通院するのにも苦労がない。

だから、定年になったのを機に、大都市のマンションに移り住む人は多い。**若者だけでなく、高齢者も大都市に集まることで、大都市の規模拡大は続いてきたのだ。**

実際、新型コロナウイルス感染が深刻な東京都から住民が逃げ出し始めていると報じられた2020年も、1年間のデータでみると、東京都は3万1125人の転入超過になったのだ。

ただ、私は東京一極集中が、いずれ終結すると考えている。理由の一つは、東京都の転入超過数が激減していることだ。2019年の転入超過は8万2982人だったから、2020年は62%も転入超過が減っているのだ。

二つ目は、2020年も、周辺3県に対しては、2万2844人の転出超過となったことだ。つまり、東京から埼玉、千葉、神奈川へは人口が流出しているのだが、それを埋めて余るほど、地方から東京に人が集まっているという構造になっているのだ。雇用機会に乏しい地方出身者は、東京で就職せざるを得ないのだ。

しかし、そうした状況も少しずつ変わっていくだろう。リモートワークの普及で、本社を東京以外に移す会社が増えているからだ。リモートで仕事ができるのなら、わざわざ家賃の高い東京にオフィスを置く必要はないからだ。実際、三鬼商事によると、コロナ前には1%台だった東京都心のオフィスの平均空室率は、19カ月連続で上昇して、2021年9月には6・4%に達している。変化は確実に起きているのだ。こうした変化は、**「通勤時間が短くて済む」という大都市居住の魅力の柱が傾きかけていることを示している。**

■東京は世界で最も危ない都市

大都市は、我々が暮らすうえで、大きなリスクをはらんでいる。しかし、東京が世界で一番危ないと言ったら、驚かれる方が多いと思う。ただ、それは事実だ。再保険業務を行うイギリスのロイズとケンブリッジ大学の共同研究で、「世界の脅威リスク」のランキングが発表されている。まず、２０１８年6月に発表されたリスクの高い都市ランキングをみてみよう。

1位　東京
2位　ニューヨーク
3位　マニラ
4位　台北
5位　イスタンブール
6位　大阪

7位　ロサンゼルス
8位　上海
9位　ロンドン
10位　バグダッド

第1位が東京で、大阪も第6位に入っているのだ。なぜ、こんなことになっているのか。リスクの大きさは、自然災害や人的災害の22の脅威が、GDPへどれだけ影響を与えるのかを評価し、その合計で全体の脅威リスクを決めている。詳しい内訳の数値は手元にないのだが、2017年にロイズが発表した資料では、東京を事例にして、影響の大きい順に要因となる脅威が示されている。それをみると、①台風、②バブル崩壊、③石油ショック、④地震、⑤洪水、⑥パンデミック、⑦噴火、⑧サイバーテロ、⑨津波、⑩干ばつの順となっている。

バブル崩壊や石油ショック、サイバーテロがリスクのランキングを決める脅威として採用されていることに違和感があるかもしれない。これは、東京と過疎地を比べたら分かりやすいかもしれない。バブル崩壊や石油ショックやサイバーテロが発生したら東京の経済は大混乱になるが、過疎地の経済は、ビクともしないからだ。

ただ、ロイズのリスク評価は、細かい内容が分からないので、以下ではいくつかの脅威を具体的にみていくことにしよう。

■感染症と大都市

新型コロナウイルスの流行は、東京の魅力をそぎ落とすことになった。2021年に東京都は、都独自の自粛要請を含めると、緊急事態宣言が解除された9月末まで、自粛要請のかからなかった日が1日もなかった。東京の魅力であるおしゃれなレストランも、イベントも、商業施設も、利用に規制がかかってしまったのだ。

今後も、ウイルスは変異を繰り返して、人類を襲い続けてくる。そのとき**最大の被害を受けるのは、間違いなく大都市だ**。世界をみても、感染の爆発的拡大を起こしたのは、大都市だし、ロックダウンされたのも大都市だ。それは当然のことだ。人口密度が高いと感染リスクが高まるからだ。そして日本の場合は、東京への一極集中が特に顕著になっている。国勢調査（2015年）の昼間人口でみると、1平米当たりの人口は、全国平均が348人であるのに対して、東京都は7549人、東京都千代田《ちよだ》区は7万3162人だ。つまり人口密度が、東京都全体だと全国平均の22倍、東京都千代田区だと210倍に達しているのだ。これだけ濃密に人を集積させたら、感染が広がるのは、誰の目にも明らかだろう。

実際のデータでみよう。図表3－1は、2021年9月12日現在の人口1000人当たりの新型コロナウイルス感染者数（累計）と死亡者数（累計）をみたものだ。人口1000人当たりの感染者数でみると、一番大きいのは沖縄県の33・0だが、これは大都市からの観光客が大挙して押し寄せて感染が広がったためだ。それを除くと、人口1000人当たりの感染者数のランキングは、東京都、大阪府、神奈川県、千葉県、埼玉県、福岡県、兵庫県、愛知県、京都府の順となっており、明らかに大都市で感染が拡大したことを示している。ちなみに、東京都の人口1000人当たりの感染者数は、最も小さい秋田県と比べると14倍となっている。

やはり人口密度と感染者数の間には明確な相関があるのだ。

21世紀は、感染症の時代と言われる。仮に新型コロナウイルスの感染が終息しても、新

図表3-1　都道府県別新型コロナウイルスの感染者数と死亡者数

	感染者数		死亡者数		人口密度
	人口千人当たり	実数	人口千人当たり	実数	
北海道	11.0	59,138	0.272	1,461	64
青森県	3.9	5,142	0.025	33	135
岩手県	2.7	3,389	0.039	50	84
宮城県	6.7	15,704	0.046	108	341
秋田県	1.7	1,774	0.025	26	88
山形県	3.0	3,414	0.047	53	168
福島県	4.8	9,238	0.09	173	139
茨城県	8.1	22,955	0.071	203	466
栃木県	7.4	14,502	0.054	105	305
群馬県	8.2	16,098	0.084	166	310
埼玉県	17.1	110,592	0.146	942	1,713
千葉県	17.3	96,352	0.169	944	1,098
東京都	23.0	366,283	0.167	2,666	7,549
神奈川県	19.5	162,138	0.143	1,188	3,445
新潟県	3.2	7,389	0.025	58	222
富山県	4.4	4,680	0.042	45	520
石川県	6.6	7,609	0.106	123	276
福井県	3.6	2,853	0.046	36	188
山梨県	5.9	4,893	0.034	28	195
長野県	4.0	8,380	0.045	95	160
岐阜県	9.0	17,541	0.106	207	200
静岡県	6.9	25,514	0.052	193	509
愛知県	13.2	99,905	0.142	1,075	1,481
三重県	7.9	14,124	0.083	149	310
滋賀県	8.6	11,754	0.071	97	362
京都府	12.8	34,106	0.097	257	576
大阪府	20.7	190,495	0.311	2,871	4,842
兵庫県	13.9	73,668	0.258	1,364	630
奈良県	12.0	14,722	0.116	142	333
和歌山県	5.3	5,046	0.061	58	200
鳥取県	2.8	1,593	0.009	5	163
島根県	2.2	1,520	0.003	2	104
岡山県	7.7	14,730	0.069	133	274
広島県	7.3	20,729	0.066	189	336
山口県	3.9	5,414	0.062	87	229
徳島県	4.1	3,101	0.085	64	182
香川県	4.7	4,570	0.035	34	525
愛媛県	3.6	4,939	0.058	81	244
高知県	5.5	3,978	0.043	31	102
福岡県	14.1	71,785	0.115	586	1,052
佐賀県	6.7	5,593	0.035	29	342
長崎県	4.2	5,769	0.051	70	333
熊本県	7.8	13,789	0.074	131	244
大分県	6.7	7,755	0.063	74	229
宮崎県	5.4	5,936	0.032	35	162
鹿児島県	5.4	8,842	0.035	58	182
沖縄県	33.0	47,324	0.19	273	628

※資料：NHK特設サイト新型コロナウイルス。(注)人口は昼間人口を使用している。

しいタイプのウイルスが、次々に襲ってくるだろう。しかし新型コロナウイルスのデータをみていくと、**大都市に住むということは、繰り返し感染症のリスクを負わないといけないということなのだ。**

■地震と大都市

日本の場合、大都市は、ほとんどが太平洋《たいへいよう》側の湾岸地域に分布している。そして、それらの地域は、すべて**地震の高リスクにさらされている地域**でもある。30年以内に首都直下地震が起きる確率は70％、東海地震が88％、東南海地震が70％、南海地震が60％とされている。つまり、少し長いスパンで考えるなら、ほぼ確実に太平洋側を大地震が襲うのだ。

しかし、そのことを真剣に受け止めている人は、あまり多くないだろう。人間というのは都合のよい生き物で、「自分だけは何とかなる」と楽観的に考えてしまうからだ。しかし、30年以内に70％の確率で首都直下地震が発生するというのは、毎年2・3％の確率で発生するということだ。東京で元日に雨が降る確率が3％だから、それに近い確率だ。

実は、私は首都直下地震が近い将来に発生する確率は、政府の見通しより、ずっと高いと考えている。その理由は、京都大学レジリエンス実践ユニット特任教授、京都大学名誉教授の鎌田《かまた》浩毅《ひろき》教授が、現代の日本は、平安《へいあん》時代に起きた「大地変動」と同じ状況に突入していると主張しているからだ。鎌田教授の根拠は、地震や噴火の発生場所の順序とタイミングが、平安時代と現代日本で酷似しているというものだ。

地震については、平安時代の863年にいまの新潟県に当たる地域で「越中《えっちゅう》・越後《えちご》地震」が発生し、その6年後の869年に宮城県沖を震源とする「貞観《じょうがん》地震」が発生した。その9年後の878年に発生したのが、関東地方南部を震源とする「相模《さがみ》・武蔵《むさし》地震」だった。

現代では、2004年に新潟県中越地震が発生し、その7年後の2011年に平安時代と同じ宮城県沖を震源とする東日本大震災が発生した。偶然の一致だと思われるだろうか。私は、そうは思わない。地震は、地中で絶えず動いているプレートの境界に歪《ゆが》みが蓄積して、それがもう耐えられない臨界点に達したときに、歪みを一気に解消する形で発生する。東日本大震災で、東北地方の歪みは解消された。しかし、関東では歪みの解消ができていないから、圧力は高まっている。現に、この数年、関東地方で小さな地震が頻発しているのだ。

平安時代と同様に宮城県沖を震源とする地震の9年後に首都直下地震が発生すると仮定すると、首都直下地震は２０２０年に発生することになっていた。もちろんそれは正確なタイミングではない。東日本大震災の発生も、平安時代のタイムラグからみたら1年遅れている。だから、首都直下地震の発生は数年遅れるのかもしれない。いずれにせよ、**きわめて近い将来に首都直下地震が発生する可能性が高いと言えるだろう**。そのとき一体何が起きるのか。

２０１９年12月1日から8日まで、ＮＨＫが『体感 首都直下地震ウイーク』を放送とデジタルサービス、イベント展開を交えた新しい形で特集した。12月2日午後4時4分にマグニチュード7・3の地震が東京で発生したら一体何が起きるのかを、地震発生からの時間経過とともに予測していくというものだ。私も、特集の一部に出演させてもらったのだが、専門家の分析を踏まえて検討していくと、空恐ろしい事態が待ち受けていることが分かった。

首都直下地震については、国の有識者会議が２０１３年12月19日に被害想定を発表している。最悪の場合、死者が約2万３０００人、経済被害が約95兆円に上るとの想定だ。震度の分布をみると、都心南部直下地震の場合、震度6強以上の地震が襲うのは、湾岸地域

図表3-2　東京湾北部地震における焼失棟数分布
（冬18時 風速 8m/s）（火災）

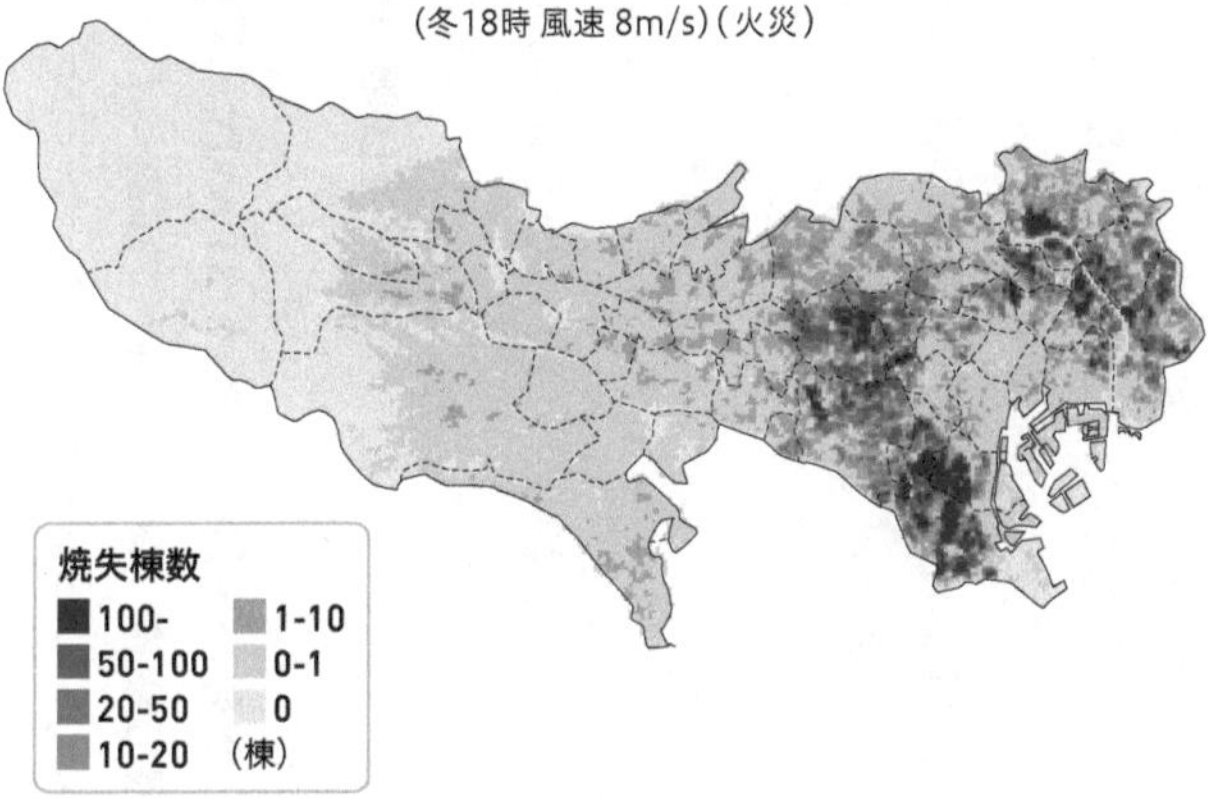

※出所：「東京都の新たな被害想定について～首都直下地震等による東京の被害想定～」

の他に、千代田区、中央区《ちゅうおう》、港区《みなと》、渋谷区《しぶや》、品川区《しながわ》といったビジネス拠点に集中している。都心南部に震源地を想定している影響もあるが、これらの地域は、縄文時代には海だったところだ。関東圏の陸地は、縄文時代には多《た》摩《ま》丘陵や武蔵野《むさしの》台地からだったのだ。東京湾の近くは、最近まで海の底だったから、地盤が弱く、揺れが大きくなるのだ。

　その結果、有識者会議の被害想定（冬・夕方・風速8メートル／秒の最悪ケース）では、全壊・焼失棟数が、東京都区部が29万9000、神奈川が13万6000、埼玉が9万7000に対して、北関東は、茨城1300、栃木80、群馬90とけた違いに小さくなっている。死者数も、東京都区部が1万

1000人、神奈川が5400人、埼玉が3800人に対して、茨城、栃木、群馬はわずかという結果になっている。**地盤の問題だけでなく、家屋が密集していて火災が広がる地域は、どうしても被害が大きくなるのだ。**

■水害と大都市

大都市のもう一つの問題は水害だ。大都市というと、あまり水害のイメージがないかもしれない。しかし、それは莫大《ばくだい》な公共投資によって、洪水を防ぐ仕掛けを作ってきたので、いままで深刻な事態に陥っていないだけだ。例えば、東京都は2014年に策定した「東京都豪雨対策基本方針（改定）」のなかで、都区部は時間雨量75ミリ、多摩部は65ミリに設定し、この降雨があっても床上浸水にならないような対策を講じるとしている。しかし、東京は地中に雨を吸収しやすい農地や山林が減少し、水を吸収しにくいアスファルトや建物が増えている。だから洪水を防ぐためには強い対策を講じないといけない。

埼玉県春日部《かすかべ》市の国道16号の下には、防災地下神殿と呼ばれる巨大な放水路が作られ、埼玉県さいたま市桜《さくら》区から戸田《とだ》市にまたがる巨大な人造湖の彩湖《さいこ》も、荒川氾濫《あらかわはんらん》時の被害に備える調節池だ。正式名称は、荒川第一調節池という。そのほかにも都心から郊外の広い範囲に調整池が作られ、雨水を浸透させる舗装などが増えている。

しかし、地球温暖化の影響で線状降水帯が停滞するようになって、すでに時間雨量100ミリを超える豪雨があちこちで発生している。荒川が決壊するような大雨が降ると、東京23区の3分の1が浸水するのだ。

こうした事情は、東京以外の大都市も似たりよったりだ。例えば、大阪市が位置する淀《よど》川《がわ》下流部の大半は海抜0メートル以下の低平地であり、これまでも洪水を繰り返してきた。そして、それを防ぐために堤防建設など、莫大な公共投資を続けてきたのだ。名古屋も同じだ。干拓地に都市を作ったため、1959年の伊勢湾《いせわん》台風のときには、広い範囲で浸水が起き、なかには1カ月以上水が引かなかった地域もあった。

マンションの3階以上なら大丈夫ということもない。**深刻な浸水が起きれば、エレベーターは使えなくなり、復旧のための修繕には大きなコストと長い時間が必要になるのだ。**

■生活費からみた大都市

老後生活を送るうえで、**大都市の一番大きな問題は、生活コストがとてつもなく高いことだ。**総務省の「消費者物価地域差指数」（2019年）によると、全国平均を100としたときの東京都区部の消費者物価は、105・4となっている。公式統計だと、東京の物価は、全国平均よりも5・4%高いだけということになっているのだ。

しかし、生活実感からすると、物価の差は、そんなものではない。私は、コロナ前まで、平日は東京の事務所で寝泊まりして、週末だけ埼玉県の自宅に帰るという二拠点生活をしていた。そこで感じた物価の差は、3割近くに及んでいた。

消費者物価地域差指数の基になる物価調査では、調査員が、担当する調査地区内の調査店舗を訪問し、代表者等の報告者から調査品目の価格情報等を聞き取り、その結果を端末に入力している。だから、棚に並んでいる普通の商品の価格が入力されるのだ。しかし、郊外のスーパーで、普通に棚に並んでいる商品を買うことは、そんなに多くない。その日の特売品を買うのだ。

例えば、私の家の近所のスーパーでは、水曜日と日曜日に鶏卵が10個入り１００円で販売される。事務所近くのスーパーでは、そんな特売はないから、10個入り１９８円の鶏卵を買わざるを得ないのだ。もちろん、東京でも下町や郊外では、特売で激安商品を売る店舗はある。そこで買い物ができるならば、さほど大きな物価の差はないかもしれない。

しかし、**統計でみても、確実に違う物価がある。それが、家賃や住宅ローンだ。**消費者物価地域差指数でも、東京都の住居費は１３２・３と、全国平均より32・3％も高くなっている。東京都区部の指数は公表されていないが、さらに高いのは確実だ。

不動産・住宅情報サイト大手のライフルホームズが家賃相場を公表しているが、最寄り駅別のファミリー向け賃貸マンションの家賃相場をみると、荻窪《おぎくぼ》駅19・02万円、千歳烏山《ちとせからすやま》16・27万円、京急蒲田《けいきゅうかまた》16・45万円、成城学園前《せいじょうがくえんまえ》23・15万円、自由《じゆう》が丘《おか》24・75万円などとなっている（２０２１年8月現在）。土地勘のない方のために付け加えておくと、これらの駅は都心ではなく、都心から20分から40分くらい離れた住宅地だ。そこで、これだけの家賃がかかるのだから、**少なくとも老後生活を東京のファミリー型マンションを借りて過ごすことは、年金13万円時代には、物理的に不可能ということが分かるだろう。**

それでは、すでに都区内にマンションを持っていて、すでにローンの支払いが終わっている場合はどうだろうか。その場合は、年金だけでギリギリ生活を回せるかもしれないというレベルだ。

都区内のファミリー型のマンションは、築年数が経っても、月額1万円程度の**固定資産税**がかかる。地価が高いからだ。また、**マンションの管理費**は、月額1万円程度が相場となっている。一方、**修繕積立金**は国土交通省のガイドラインによると、15階建て未満で、延べ床面積が5000平米未満のマンションの場合、専有面積1平米あたりの適正修繕積立金は、月額218円となっている。80平米のマンションの場合、1万7440円というのが、修繕費を賄うために必要な毎月の修繕積立金となるのだ。固定資産税と管理費と修繕積立金を合わせると、月額3万7400円というのが、毎月の負担となるのだ。

固定資産税も含めれば、住居費が、東京の場合、自己所有のマンションでも4万円近くかかるということになる。そうなると、住居費を除いた生活費は、10万円を切ってしまう。もちろん修繕積立金が国土交通省のガイドラインを大きく下回っているマンションは多い。しかしその場合は、大きなリスクがある。**大規模修繕工事**だ。十分な修繕積立金が積み立てられていればよいのだが、積立金が不足すると12年に一度必要になる大規模修繕の際に、莫大な支払いが求められることになるのだ。

その金額が100万円を超えることは珍しくない。年金生活者にとっては、衝撃的な負担額だ。

東京に住み続けたいと思ったら、定年後にやらなければならないことは、**徹底的な断捨離をして、床面積の小さなマンションに住み替えることだろう。**修繕費は床面積比例だし、管理費も床面積に大きく依存するから、小さなマンションに移れば、住居費は大きく減る。もちろん固定資産税も面積に比例して下がることになる。床面積を半減させれば、月4万円の住居費を月2万円まで下げることも可能になるのだ。

それでも、13万円の年金だけで大都市生活を続けることは難しいと思う。**東京の物価は高いし、年金だけの生活だと、東京を楽しめないからだ。**おしゃれなレストランとか素敵なエンターテインメントという東京の魅力を楽しむためにはお金が要る。東京は、お金を使える人だけが楽しい。それは、東京だけの話ではない。20年ほど前に上海《シャンハイ》を訪れた時は、建ち並ぶ高層ビル群の隣にまだ旧市街が残っていた。そこで痛感したのは、物価の違いだ。新市街は「国際価格」で、物価はすでに先進国並みだったが、旧市街はけた違いに物価の安い「共産主義価格」だった。現地の人に聞いた話で印象に残っているのは、「上海はお金がある人だけが楽しめる街になってしまった」ということだ。お金がまったくない状態を想像してみてほしい。田舎であれば、野山を散策したり、釣りをしたり、虫を撮影したり、楽しむことは無数にある。ところが、大都市でお金が1円もなかったら、楽しめることは、非常に少ないのではないか。だから、**定年後に大都市を楽しもうと思ったら、年金とは別に、働き続けることが不可欠になるだろう。**

小さい部屋に住み、部屋を広く使うため、家財道具は断捨離して、徹底的に節約する。そして、家計に余裕ができたときは、それをイベントやおしゃれな食事に使う。

実は、ここで書いている家計のイメージは、いま一人暮らしをしている多くの学生が採っているライフスタイルだ。だから、実現可能性は十分ある。ただ、狭い部屋に閉じこもって、毎日スマホばかりいじっている生活が本当に幸せなのか。もちろん、個人ごとに価値観は異なるが、私には、とても幸せな老後だとは思えないのだ。

■健康・介護と大都市

都市生活の場合、意識的に運動をしないと健康を維持することが難しくなる。しかし、大都市は、生活の利便性が高い分、普段の生活が運動に結びつくことが少ない。だから、運動の機会を確保することが不可欠だ。

都市生活をする人にとって、運動不足の解消に最も適しているのは、トレーニングジムに通うことだ。ただ、トレーニングジムには2つ問題がある。一つは、コストがかかることだ。一般的には、ジムに通うためには、平日限定でも月額1万円近い料金が必要になる。年金13万円時代には、なかなか負担が難しい金額だ。

さらに大きな問題は、長続きしない可能性があることだ。トレーニングジムは、トレーニングにはまってしまう人と、会費だけ払って、なかなか通わなくなってしまう人に、完全に分かれる。もともと運動が得意ではない大部分の人は、後者になる可能性が高いのだ。そうした人がトレーニングを続けるためには、個人的なトレーナーをつける必要がある。私はライザップのトレーニングを6年間継続したが、それが可能だったのは、トレーナーがいたからだ。だが、パーソナル・トレーナーをつけるのには、少なくとも毎月数万円のコストがかかってしまう。年金13万円時代には、負担が困難な金額だ。

ただトレーニングの動機づけは、ネットを活用することでコスト削減が可能だ。例えば、自宅にエアロバイクを置いて脚力を鍛えるのは、非常に効果的なトレーニングだが、エアロバイクの最大の問題は長続きしないということだ。

そんな時に役立つのがＺＷＩＦＴ（ズイフト）だ。ズイフトは、米国発のバーチャルサイクリングを提供するアプリだ。自分の自転車の後輪にスマートトレーナーと呼ばれる機材を組み合わせると、ＣＧで描かれた仮想世界の中をサイクリングすることができる。仮想世界の勾配《こうばい》に応じて自動で負荷が変わるので、よりリアルな走行感を楽しむことができるのだ。それだけではない。世界中の参加者と一緒にサイクリングやレースも行うことができるから、楽しみながら、脚力を鍛えることができる。しかも、天候に関係なく走ることができ、交通事故の心配もない。利用料金も毎月１６５０円とリーズナブルだ。もちろん大自然のなかでのサイクリングとは違うのだが、大都市で暮らす楽しみは、スマホやタブレットのなかというのが基本になるのだ。

一方、健康ではなくなった場合はどうだろう。**大都市に共通しているのは、医療機関が充実しているということだ**。だから治療を受ける際には、大都市が最も有利であることは間違いない。**問題は、介護が必要になったときだ**。

実は、父を在宅介護していたとき、あまりの介護負担の大きさに、ケア付きの介護施設を利用することも考えて、料金を調べたことがある。父が実家に近い都心の施設がよいというので東京の施設を調べたのだが、驚いたのは、コストの高さだった。東京の施設の場合、入居金だけで1000万円以上、都心だと1億円というところもあった。父が入居を希望したのは、その1億円の施設だった。その施設を妻と2人で見学に行った。確かに、素晴らしい施設だった。壁はウォールナット調で、シャンデリアもついているし、絨毯の毛足が長くてフワフワだった。ちょうど高級ホテルのような内装になっている。正直言うと、当時の私は、とても稼いでいたので、保有する株式などの金融資産をすべて処分すれば、1億円を支払うことは、不可能ではなかった。

ただ、とてつもない大金なので、私は施設の担当者に聞いた。「もし、父をこちらに入れて、入居の翌日に父が亡くなったら、入居金の1億円はどうなるんですか」。担当者はこう答えた。「もちろんお返ししますよ。ただし入居の翌日に死亡した場合は、手数料を30％いただきます」「それって、1泊3000万円ということですか」「まあ、計算上はそういうことになりますね」。

その時点で、その施設に入居させる気は、ほとんどなくなったのだが、実は決定打となったのは、入居金とは別にかかる40万円の月額負担だった。これは、基本料金なので、そのほかのオプションなどを含めると、父にかかる費用は月額50万円程度になるだろう。父の年金を充てるとしても、月額35万円の不足、年間420万円の持ち出しになる。数年だったら耐えられるかもしれないが、問題は父がいつまで生きるか分からないことだ。

仮に父が105歳まで生き続けるとすると、当時父は82歳だったから、23年分の負担は、9660万円になる。**入居金と合わせれば2億円だ。さすがにその負担は不可能だと判断せざるを得なかった。**

いま都心に家を構える人のなかには、自宅を処分して豪華な介護施設に入居する人がたくさんいる。地価高騰で、家を処分すれば、1億円近い収入を得ることができることも多いからだ。ただ、**問題は毎月の負担**のほうだ。もし、長生きして、金融資産を食いつぶしたら、その瞬間に施設から放り出されることになる。

放り出されたらどうなるのか。戻るべき家はすでにないのだから、年金の範囲内で面倒をみてくれる介護施設に移るしかないが、それは都心では不可能だ。田舎の老人保健施設の場合、10万円程度の料金で受け入れてくれる施設がたくさんある。もちろん入居金は不要だ。だから介護施設に入る段階になったら地方に移るという選択は、もちろんあるのだが、そうなると、家族が頻繁に見舞いにきてくれることはなくなる。友人とも、なかなか会えなくなる。**ひとりぼっちになってしまう**のだ。

「介護施設から放り出される」という事態は、想像しにくいかもしれない。しかし、

2021年1月19日付の毎日新聞に、こんな記事が掲載された。

入居者は支払えなくなれば路頭に迷ってしまうのか――。そんな疑問を抱いて複数の高齢者向け施設に電話で取材を申し込んだが、繊細な内容だからか一様に口が重い。そんな中、関東地方を中心に有料老人ホームを運営する男性が、匿名を条件につらい経験を明かしてくれた。

昨秋、利用料の支払いに窮した90代後半の入居者に対し、同じ系列で利用料を抑えられる施設への転居を勧めた。その入居者は「ここを死に場所と決めてマイホームも売ったのに」と涙ながらに残れないか訴えたが、最終的には子どもが住む家に移ると決まった。子どもと言っても既に定年退職した年齢だ。

その過程では、親の受け入れについて「そんなに金銭の余裕はない」と一時難色を示されたという。

たまたま、子どもが引き取ってくれたから、それで幸せになったのかというと、私はそうは思わない。親にとっては、設備や介護体制の整ったところから、設備や介護体制の劣る子どもの家に移るのだから、**生活環境は悪化する。**また、子どもの世帯にとっても、親を引き取ることは**金銭的負担の増加だけでなく、介護の精神的、肉体的負担を抱え込むことになる**からだ。

現役世代のときもそうだが、**高齢期を迎えても、やはり大都市は、お金がある人が楽しんで暮らせる街なのだ。**

2．田舎に移住する

田舎暮らしを希望する人が、急激に増えている。NPO法人のふるさと回帰支援センターの東京情報センターの利用者数は、2014年度の1万2876件から2019年度には4万9760件と、5年間で4倍に増えている。2020年度は4万7729件と、2割ほど減ったが、これは新型コロナウイルスの影響でセミナーがあまり開催できなかったためで、電話等の問い合わせに限れば、2014年度の2381件が、2020年度は2万646件と、6年間で9倍に増えている。また、ふるさと回帰支援センターのセミナー参加者の2020年の移住希望地ランキングベストテン（セミナー参加者）は、1位から和歌山、広島、佐賀、静岡、長野、北海道、山梨、愛媛、新潟、福島の順となっている。大都市近郊ではなく、田舎らしい田舎が人気を集めているのだ。その傾向は、近年変わっていない（図表3－3）。

田舎に移住したいという気持ちは、よく分かる。田舎に行けば、自然が豊かで、水や空気がおいしくて、時間がゆったりと流れているので、人間らしい暮らしができるからだ。

そうしたことは、都会人の思い込みに過ぎないと思われるかもしれないが、そうでもないのだ。

図表3－4は、株式会社ブランド総合研究所が、都道府県民に直接「幸福度」を聞いた都道府県別ランキングだ。幸福度が高いベストテンは、沖縄、宮崎、熊本、山梨、愛媛、岡山、長崎、北海道、京都、大分と、移住希望地ベストテンとやや異なっているが、京都を例外として、大都市周辺県がベストテンに入っていないという点では共通している。

所得水準が高い大都市が下位に沈み、所得水準の低い田舎が幸福度で上位を占めていることは、**お金が幸福度を決めるのではないことを、明確に物語っている。**

実は私自身も、40歳代までは、「50歳を迎えたら、早期引退をして、沖縄に移住する」と宣言していた。沖縄が大好きだからだ。

図表3-3　ふるさと回帰支援センター（東京）移住希望地ランキング

（2015-2020：暦年）

順位	2015年	2016年	2017年	2018年	2019年	窓口相談者 2020年	セミナー参加者 2020年
1	長野県	山梨県	長野県	長野県	長野県	静岡県	和歌山県
2	山梨県	長野県	山梨県	静岡県	広島県	山梨県	広島県
3	島根県	静岡県	静岡県	北海道	静岡県	長野県	佐賀県
4	静岡県	広島県	広島県	山梨県	北海道	福岡県	静岡県
5	岡山県	福岡県	新潟県	新潟県	山梨県	宮城県	長野県
6	広島県	岡山県	福岡県	広島県	福岡県	広島県	北海道
7	高知県	大分県	岡山県	福岡県	新潟県	北海道	山梨県
8	秋田県	新潟県	福島県	富山県	佐賀県	和歌山県	愛媛県
9	大分県	長崎県	宮崎県	宮崎県	高知県	神奈川県	新潟県
10	宮崎県	宮崎県	富山県	福島県	愛媛県	群馬県	福島県
11	富山県	高知県	愛媛県	佐賀県	大分県	岐阜県	岩手県
12	長崎県	栃木県	高知県	大分県	福島県	茨城県	富山県
13	香川県	鹿児島県	和歌山県	高知県	和歌山県	栃木県	香川県
14	山口県	愛媛県	群馬県	群馬県	香川県	福島県	岡山県
15	新潟県	富山県	山口県	山口県	群馬県	長崎県	岐阜県
16	福島県	神奈川県	北海道	愛媛県	山口県	宮崎県	鳥取県
17	熊本県	群馬県	大分県	香川県	宮城県	富山県	山形県
18	岐阜県	熊本県	栃木県	宮城県	富山県	山口県	島根県
19	鹿児島県	福島県	長崎県	和歌山県	宮崎県	愛媛県	神奈川県
20	和歌山県	秋田県	宮城県	長崎県	山形県	鹿児島県	山口県
20	三重県						

※出所：ふるさと回帰支援センター報道発表資料。

図表3-4　都道府県・幸福度ランキング

順位	前年	都道府県名	幸福度	順位	前年	都道府県名	幸福度	順位	前年	都道府県名	幸福度
1	2	沖縄県	78.1	18	10	香川県	70.0	34	26	群馬県	67.7
2	1	宮崎県	73.0	18	4	福井県	70.0	34	40	山形県	67.7
3	9	熊本県	72.4	20	6	鳥取県	69.7	34	35	大阪府	67.7
4	12	山梨県	72.1	21	26	栃木県	69.5	37	8	富山県	67.1
5	22	愛媛県	71.8	22	15	滋賀県	69.3	38	43	新潟県	66.9
6	38	岡山県	71.7	23	18	島根県	69.2	39	30	茨城県	66.6
6	28	長崎県	71.7	24	16	岐阜県	69.1	40	47	秋田県	66.5
8	30	北海道	71.4	24	16	兵庫県	69.1	41	29	埼玉県	66.2
9	7	京都府	71.3	24	37	愛知県	69.1	41	24	岩手県	66.2
9	3	大分県	71.3	27	19	和歌山県	69.0	43	44	青森県	66.1
11	36	三重県	71.2	28	22	広島県	68.8	44	45	福島県	65.6
12	13	福岡県	71.1	28	46	佐賀県	68.8	45	25	東京都	65.0
13	21	奈良県	70.9	30	42	千葉県	68.5	46	33	神奈川県	64.6
14	20	長野県	70.7	31	33	静岡県	68.4	46	41	山口県	64.6
15	10	鹿児島県	70.2	32	38	宮城県	68.0	都道府県平均			69.2
15	5	石川県	70.2	32	30	徳島県	68.0				
15	13	高知県	70.2								

※資料：株式会社ブランド総合研究所「地域版SDGs調査2021」。
（注）調査は、2021年5月にインターネットで実施し、都道府県の住民約350人ずつ計約16,300人から有効回答を得た。「あなたは幸せですか」という設問に対し、5段階で回答してもらった結果を集計したもの。

コロナ前までの37年間、私は毎年沖縄に行っていた。一番多かったときは、1年間で7回も行ったことがある。

最初に私を虜《とりこ》にしたのは、沖縄の美しい海だった。初めて訪れたころには、まだ本島の海岸で、原形をとどめている珊瑚《さんご》が簡単に拾えたし、水中眼鏡をつけて海を覗《のぞ》くと、色とりどりの熱帯魚がたくさん泳いでいた。その海に魅せられて数年間通い続けたのだが、それだけでは長続きしなかったと思う。私を本当に虜にしたのは、ウチナーンチュのライフスタイルと沖縄の文化だった。

ウチナーンチュは、私のようなヤマトンチュにも、とても親切だ。何か相談すると本当に親身になって考えてくれるし、お腹がはちきれるくらいご馳走《ちそう》してくれる。そして、一番素敵なのは、ウチナーンチュたちがどんなときでも暗くならないことだ。

失業率が日本一高く、賃金は日本一低く、高校生の就職内定率も日本一低い。都会だったら暗くなって当然の経済環境なのに、「なんくるないさあ」と受け流してしまう精神的したたかさは、間違いなく日本一だ。私が書いた『年収300万円時代を生き抜く経済学』(光文社)という本のなかで、失業率と自殺率のデータから「ラテン度指数」を計算している。失業しても自殺しない率がラテン度指数だ。そのなかで沖縄県は堂々の1位だった。経済的困難に遭遇しても、ウチナーンチュは日本一自殺率の低い、たくましい人たちなのだ。それだけが原因ではないが、沖縄は長寿の名をほしいままにしてきた。

2004年に、沖縄本島の北部に位置する大宜味村《おおぎみそん》を訪れた。沖縄一の長寿を誇るこの村には、手つかずの大自然とゆったりしたライフスタイルが完全に残っていた。深い緑と澄んだ空気と清らかな水。大自然のなかで気負わず、あせらず、ゆったりと暮らすライフスタイルが長寿をもたらす秘訣《ひけつ》なのだろう。私も訪れてただボーっとしていただけなのだが、1年で、一番豊かな時間を過ごすことができた。

その大宜味村で素敵な出会いがあった。「道の駅」で、奥島ウシさんに出会ったのだ。

ウシおばぁーは、1902年生まれの当時102歳。101歳のとき、道の駅に再就職したという。間違いなく、全国で最高齢の新規就職者だろう。

ウシおばぁーは健康そのもので、畑仕事も続けていた。それでも時間をみつけては、道の駅を訪れ、仕事を手伝うのだ。私が訪れたときは、ポンカンを袋に詰めていた。ウシおばぁーは観光客に大人気で、おばぁーの詰めたポンカンは飛ぶように売れていく。そして観光客は「あやかりたい、あやかりたい」と、おばぁーの着物に触れて行く。ウシおばぁーは、理想の老後を見せつけてくれたのだ。

だが、沖縄は大きく変わっていった。この35年、那覇《なは》市を中心として、本島の開発が急速に進んだ。いまや、おもろまちの新市街などは、横浜《よこはま》のみなとみらいや東京の台場《だいば》と見紛《まが》うばかりだ。ただ、その一方で海は随分汚れてしまった。那覇市内にある「波の上《なみのうえ》ビーチ」は、もちろん十分泳ぐことはできるのだが、かつての美しい海ではなくなっている。

食生活も随分変わった。沖縄の食事と言えば、ソーキそばやゴーヤー・チャンプルー、具だくさんの味噌《みそ》汁、ほのかな甘味のあるタイモなど、比較的質素なものが中心だった。ところが若い人中心に食べ物の嗜好《しこう》も急速に都会化した。アイスクリームやステーキなどアメリカ文化の食べ物が浸透してきたので、もしかしたら本土よりも健康によくない食事かもしれない。

さらに生活時間も変化した。遅刻をあまり気にしない「沖縄時間」というゆるやかな規範が原則だったのだが、本土とのビジネスの連携が増え、ビジネスサイクルが短くなることで、古い習慣が少しずつ崩れてきたのだ。

その結果、健康面でも実に恐ろしいことが起こっている。男性の平均寿命をみると、1985年には全国1位だったのが、1990年は5位、2000年には26位、2015年には36位にまで下がってしまったのだ。女性も1985年は全国1位だったのが、2015年には7位にまで下がっている。

青い空と海、白い砂浜、健康的でおいしい食べ物、そして何より優しい仲間と優れた文化に囲まれていれば、それだけで十分幸せだと思うのだが、那覇に移住しようとすると、本土の都会とそれほど変わらなくなってしまった。もちろん、大宜味村のようなところに移住すれば、昔ながらの沖縄が残っているのだが、那覇空港まで行くのにも相当時間がかかるので、そこから東京に出稼ぎを繰り返すのは、不可能に近い。

結局、私の沖縄移住計画は、絵に描いた餅《もち》に終わってしまったのだ。

■ミニマリズムと田舎暮らし

しかし、最近になって再び、田舎暮らしも良いなと思うようになった。というより、必要性が高まったと思うようになったのだ。**ミニマリズムという行動規範が世界中で広がり始めたからだ。**

ミニマリズムというのは、**消費への執着を捨て、シンプルな暮らしに徹するライフスタイル**のことだ。なぜミニマリズムが注目されているのかというと、1980年代以降に世界に広がったグローバル資本主義が大きな矛盾を露呈するようになったからだ。

グローバル資本主義がもたらした矛盾の一つは、地球が壊れかかっているということだ。世界中で異常気象が続き、その結果として山火事や干ばつ、豪雨、鉄砲水などが頻発している。それは日本も例外ではない。数十年に一度の大雨のときに出される「大雨特別警報」が毎年発令され、土砂崩れに巻き込まれたり、増水した川に家屋が流されたりする被害が後を絶たない。

原因は分かっている。地球温暖化だ。温室効果ガスの排出量が増えると、地球が温暖化して、微妙なバランスの上に成り立っている地球上の循環がおかしくなってしまう。そのことを理解しているからこそ、世界中の国が、「カーボンニュートラル」（温室効果ガス排出実質ゼロ）を打ち出しているのだ。

問題は、なぜ温室効果ガスの排出量が増えたのかということだ。**私は間違いなく原因は資本主義だと考えている。**図表3－5から明らかなように産業革命前まで、ほとんど増えることのなかった温室効果ガスの排出量が、産業革命後の資本主義の広がりで増加をしはじめ、**20世紀後半のグローバル資本主義の広まりとともに、一気に加速している状況が分かるだろう。**温室効果ガスの排出量は、資本主義の拡大と完全に歩調を揃えているのだ。

その状況は、日本でもまったく同じだ。資本主義が広がる前、日本人の暮らしは自然と共存していた。大地や海や川の恵みを食《は》み、暖房は間伐した木材を燃やした。完全なカーボンニュートラルだ。

日本では地方自治体によるゴミ収集が本格的に始まったのは昭和30年代からだ。それまでは、家庭ごみもほとんど出ていなかったのだ。ごみが出ない理由は、そもそもごみが出ない暮らし方をしていたからだ。豆腐はボウルを持って、醤油《しょうゆ》は瓶を持って買いにいった。飲み物は瓶詰で、飲み終わった瓶は洗浄してリユースしていた。いまのようにマイバッグ

図表3-5　温室効果ガス(CO_2)の濃度と量の推移

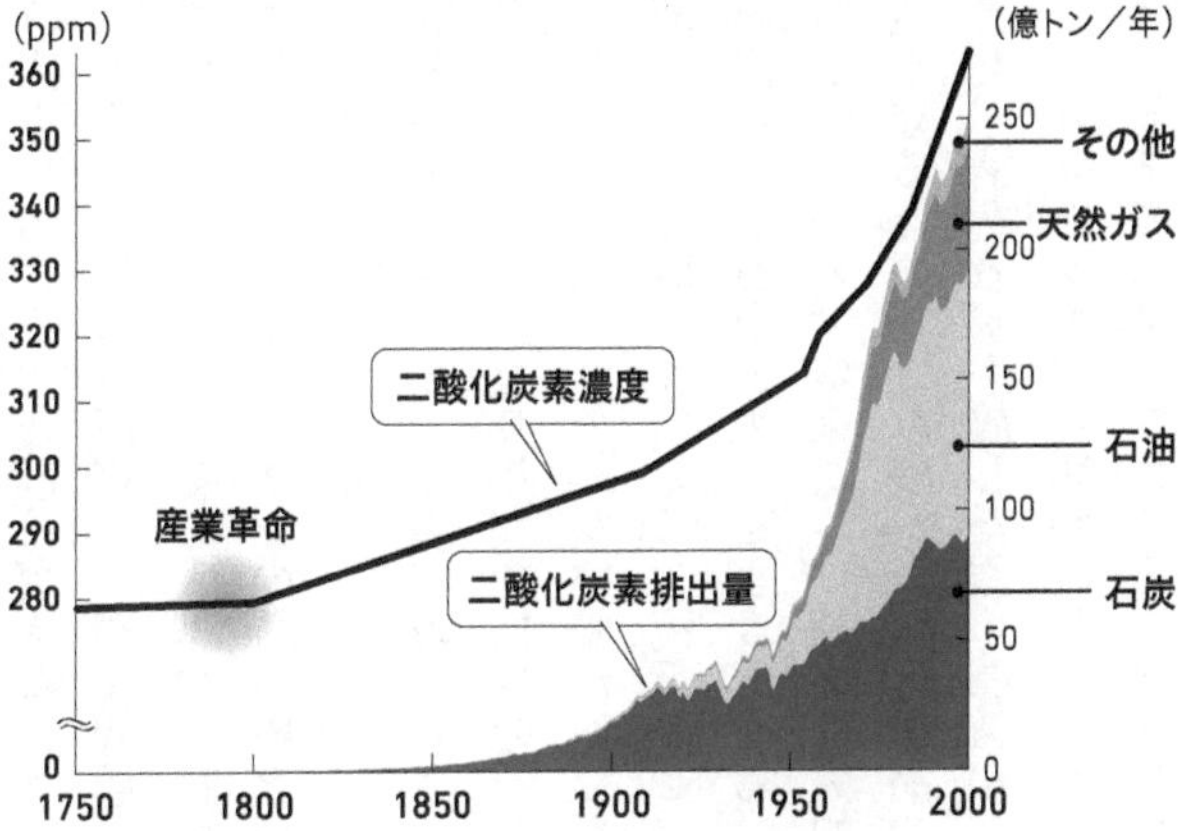

※出所：オークリッジ国立研究所。

持参が推奨される前から、買い物には買い物かごを持参していた。洋服はツギを当てながら、ボロボロになるまで着たおしたのだ。

一方、グローバル資本主義の象徴であるタワーマンションでの暮らしを考えてみよう。タワーマンションは、規制緩和政策で生まれた新しい住居だ。床暖房を含むタワーマンションの完璧《かんぺき》なエアコンディショニングは、すべて大量の電気を消費することで賄われている。家から出入りするだけで、エレベーターが大きな電力を消費する。洗濯物はベランダに干せずに電気乾燥機を用いる。さらにタワーマンションに住む「勝ち組」は、仕事がグローバルに展開するから、飛行機で世界中を飛び回る。なかにはプライベートジェットという人もいる。そのたびに莫大なジェット燃料が消費される。近隣の移動も、電車やバスではなく、大型の乗用車だ。環境問題への姿勢をアピールするためにハイブリッド車に乗っている人も多いが、その大型車が排出する温室効果ガスは、軽自動車よりも多いのだ。つまり、タワーマンションの勝ち組という暮らし方をする人が増えれば、温室効果ガスの排出量が増えて当然なのだ。

別の例を挙げよう。環境省の「サステナブルファッション」というサイトによると、いま日本では1人当たり年間約18枚の衣服が購入され、約12枚の服が手放されている。そして、誰にも着用されていない服が25枚も捨てられている。購入される服よりも、新品のまま廃棄される服が多いのは、流行のせいだ。ファッション業界は、毎年新しい流行を自ら生み出し、消費を拡大させようとする。しかし、消費者の嗜好の変化は激しいため、大量の服が売れ残る。本来なら、価格を大幅に下げれば、買い手はつくはずだが、ブランドの価値を守るため、売れ残った服は新品のまま廃棄されてしまうのだ。

また、消費者が手放した服の68%がごみとして廃棄されている。その結果、日本では1日1300トンもの衣類が焼却・埋め立てされているのだ。そして、衣服の原料調達から製造段階までに排出される環境負荷の総量は、二酸化炭素が約9万キロトン、水の消費量が約83億立米、端材等の排出量が約４万５０００トンと推計されている。大変な環境破壊なのだ。

　こうした地球環境の破壊に加えて、**グローバル資本主義がもたらしたもう一つの大きな矛盾は、人を破壊しているということだ。**グローバル資本主義の下で、我々は安い商品を手にすることができるようになった。例えば大型スーパーでは、ジーンズが１０００円で売られている。なぜそんなに安いのかと言えば、世界中の需要をまとめて、発展途上国に大量発注して買い叩《たた》くからだ。もちろん低価格で発注したツケは、発展途上国でモノづくりに携わる労働者の低賃金や過酷な労働となって回ってくる。

　そうしたグローバル資本主義の下で、いま世界では、とてつもなく大きな所得や資産の格差が生まれている。地球には76億人が住んでいる。そのうち所得の低いほうから数えて半分の38億人が保有する金融資産は１５３兆円だが、世界の所得トップ26人が持つ金融資産も、同額の１５３兆円なのだ。

　服を大切に着ることは、格差の拡大を防ぐことにもつながる。例えば、アパレルの国内供給量は１９９０年の18億着から２０１９年には35億着とほぼ倍増している。なぜ、そんなことが可能になったかというと、服の価格が下がったからだ。衣服１枚当たりの単価は、

1990年の6848円から2019年の3202円へと、半額以下に下がっているのだ。もちろん価格下落の理由は、日本で売られている衣料品の98%が海外からの輸入品になっていることだ。

インド建国の父であるマハトマ・ガンディは、地元で紡がれた糸で作った布を地元で縫製した服を着続けた。格差を小さくするためにどうしたらよいのかを考え抜いたガンディは、「近隣の原理」を打ち出し、地元の人が作ったものを地元の人が消費するライフスタイルを貫いた。そうしたライフスタイルは、**小さな地域の単位で経済が回ることになるので、貧困を生み出すことがない。もちろんコストは高くなるが、それは地元で働く人が潤うことを意味するし、モノを捨てることが減ることも意味する。**

資本主義が登場する前、原始共産制と呼ばれる経済には、格差は存在しなかった。共同生産、共同分配で、狩猟で得た獣や木に実った果実は、皆で平等に分配していたからだ。

また、グローバル資本主義がもたらした格差は、こうしたお金の格差だけではない。私は、**最大の格差は、仕事の楽しさの格差だと考えている。**

例えば、日本の美少女フィギュアの作家は、デザイン、造形、組み立て、塗装、仕上げに至るまで、すべて1人でやることが多い。自分の作品を作るのだから、すべて自分の判断でやるのだ。一方、途上国でフィギュアの大量生産を手掛ける労働者は、ラインを流れてくるフィギュアの例えば右目だけをひたすら塗り続ける。完全分業制なのだ。なぜ、そんなことをするのか。それは生産性が高まるからだ。

私は生産性と仕事の楽しさは、反比例すると考えている。資本主義というのは、生産性を高めて利益を拡大する運動だから、資本主義が進めば進むほど仕事は楽しくなくなっていく。仕事の楽しさは、経営者だけに集中していくのだ。

こうしたことを考えると、地球と人をグローバル資本主義から守るための方向性は明らかだろう。それは飽くなき消費拡大に歯止めをかけること。つまりミニマリズムだ。その実現のために、私は今後の経済社会には、以下の四原則が必要だと考えている。

1. 大規模から小規模へ
2. グローバルからローカルへ
3. 集中から分散へ
4. 中央集権から地方分権へ

所得環境がずるずると悪化するなかで、暮らしを守るために必死で働き続けることに意味があるのだろうか。流行を追いかけ、次から次へとモノを買い、その資金を得るために、さらに我慢して働くという人生が本当に幸せなのだろうか。そうした疑問がミニマリズム台頭の背景にはあるのだ。

ここまで書いてくると、お分かりだと思うのだが、ミニマリズムを実現するための一番の方法は、大都市で暮らすのではなく、田舎暮らしをすることだ。田舎にもグローバル資本主義の影響は確実に忍び寄っているのだが、それでも大都市で暮らすのとは比べ物にならないくらい資本主義に侵されなかった時代のライフスタイルが残っている。

もともと日本人の暮らしは、里山とともにあった。山で拾った枯れ木や落ち葉、間伐した木材で暖房をし、煮炊きをした。果実やキノコや猟で獲《と》った動物は、貴重な食料だった。水は山から引いてきた。そして、自宅の周りの野良は、畑や田んぼとして活用する。いまでも田舎にいけば、そんな暮らしが色濃く残っている。格差に怯《おび》えて過重労働をすることもないし、環境を破壊することもない。それが田舎暮らしなのだ。

田舎暮らしの最大の利点は、消費への執着を意識することなく捨てられることだ。大都市中心部のようにおしゃれなファッションタウンもなく、エンターテインメントもなく周囲の人たちも、最先端の衣服をまとっている人がほとんどいないからだ。

■いくらあれば田舎暮らしができるのか

それでは、田舎暮らしには、どのくらいのコストがかかるのだろうか。まず、極端なケースからみていこう。

いまネットで、話題を集めている「まさや」さんという若者がいる。彼は、「テントだけで暮らしてわかった31のこと」と題したツイートで、「月2万あれば暮らせる」と発表している。25歳のまさやさんは、大学卒業後、営業職として働いていたが、高い生活費を賄うために働き続ける暮らしに疑問を感じ、千葉県の山林に80坪の土地を購入して、小屋暮らしを始めようと決断した。土地の購入費用は80万円で、いまは小屋を作る前段階としてテント暮らしをしている。

まさやさんは、私が出演しているニッポン放送の『垣花正《かきはなただし》あなたとハッピー！』というラジオ番組に電話出演してくれたのだが、とても明るい人で、自由な生活を心から楽しんでいることが伝わってきた。まさやさんによると、テントでも住民登録はできるし、生活に困難はないという。電気もガスも水道も通っていない土地だが、生活用水はカーポートの屋根に降った雨水を集め、飲料水はスーパーの無料の水を利用している。電気は、100ワットの太陽光パネル2枚とポータブルバッテリーを使用していて、その電力でパソコンなどの電源を賄っている。本当は軽トラックが欲しいそうだが、いまのところ移動手段は、原付バイクで我慢をしている。暖房と調理は、小型の薪《まき》ストーブとカセットコンロを併用しているとのことだ。

実はまさやさんの生活費は、もっと下げられる余地がある。まさやさんは、いまのところ自給自足ではなく、食材はスーパーに買い出しにいっているのだが、空いている土地を畑にして農作物を育てれば、食費を大きく節約することができるからだ。80坪という土地があれば、50坪くらいは畑が取れる。それだけの面積であれば、暮らしに必要な食材のかなりの部分が収穫できるのだ。畑をやるようになれば、まさやさんの生活費は、おそらく1万円程度まで下がるだろう。

だから、単に生き続けるだけであれば、年金給付が下がっても、田舎暮らしで十分乗り切れることになる。ただ、知人で田舎に移住した人の話を聞くと、**現代的な暮らしをしようと思うと、田舎でも夫婦2人で月額10万円ほどの現金収入がどうしても必要だと言う。**

田舎暮らしでは、家賃が劇的に下がるのだが、コストがかさむことも多いからだ。

■田舎暮らしの問題点

田舎暮らしは、すべての面でバラ色かと言えば、そうではない。

第一は、雇用の場が限られるということだ。大都市のような多様な雇用機会がないので、自ら独立開業してビジネスを始めるか、農業で稼ぐことが基本になる。

第二は、物価が高いことだ。特に中山間地域に行くと、大型スーパーなどの安売り施設がなく、定価販売の小規模小売店しか商業施設がなかったりするので、どうしても物価が高くなってしまうのだ。

例えば、過疎地を回る「とくし丸」という移動スーパーがある。小型のパネルトラックに商品を満載して、買い物難民の多い中山間地域などを回っているのだ。料金体系は事業者によって異なるが、一般的なのは、スーパーで仕入れた商品の価格に、1品あたり10円を上乗せするというものだ。10円はどんな商品でも固定されていて、10円のお菓子にも付加されるから、10円のお菓子が20円になってしまう。運搬のコストがかかるのだから、やむを得ないことだが、モノの値段は確実に上がるのだ。

また、田舎は水道料金が高いことも多い。水道事業は、固定費の割合が高いので、人口が少ないところでは、どうしても1世帯当たりの負担が大きくなってしまうからだ。

第三は、公共交通機関がほとんどないので、どうしても車が必要になり、その維持費にお金がかかることだ。もちろん、都会に比べたら、家賃や住宅価格は、けた違いに安いのだが、家賃の節約分を物価高や自動車維持費が相殺する形で、生活費が都会で暮らすのとさほど変わらないこともあり得るのだ。

第四の、そして最大の問題は、濃すぎる人間関係だ。地域にもよるが、田舎では近所の人がいきなり家に入ってくる。大分県の田舎に移住した友人の家に何度か訪問させてもらったのだが、私はいつも前触れなく訪問することにしていた。それでも、どこで聞きつけたのか、時間をおかずに近所のおばさんたちが漬物を持って集まってくる。夕方を過ぎると、近所のおじさんたちも集まってきて、そのまま宴会になる。私は、たまにしか行かないので、それでよいのだが、そうしたことが日常なのだ。彼らに聞いた話では、小学校に登校するほかの家の児童をいつもみていて、もしいつもの時間に児童が通らなかったら、「何かあったのだろうか」とすぐに連絡を取り合うそうだ。子育てをする親にとっては安心だが、悪い言い方をすると、いつも相互監視がなされているということだ。

第五に、田舎では、お金を稼ぐための仕事のほかに、地域社会を維持するための仕事がたくさん降りかかってくる。消防団から、道路整備、村祭りの準備、村の共有設備の管理など、生業としての仕事よりも、賃金収入を伴わない地域の仕事のほうが多かったりもする。先述の大分に移住した私の友人は、イノシシやシカの解体に駆り出されていた。解体して、肉を分かち合うのだ。私は、イノシシやシカを食べるのは大好きなのだが、解体作業は、なかなか手を出せない。しかし、皆でやる仕事に参加しないと、本当の意味での仲間にはなれないのだ。

こうしたことを考えると、**私は田舎への移住は、若いうち、少なくとも50代までには実行したほうがよいと思う。**若いうちなら、柔軟性が高く、地域社会に溶け込むことが容易だからだ。また、移住は若いほうがよいと思うもう一つの理由は、溶け込むのに時間が必要だということだ。本当に地域の一員として認められるのは、神社のお祭りのときに開催される神楽《かぐら》のメンバーに選ばれてからだという話を聞いたことがある。ただ、神楽を踊れるようになるまでには、少なくとも5年や6年はかかってしまうのだ。

よそ者をどれだけ柔軟に受け入れるかという文化は、地域によって異なっている。町や村単位ではなく、字《あざ》ごとに違うそうだ。だから、田舎への移住を考える人は、事前に移住先がどういう文化になっているのかをしっかり知ってから、踏み切ったほうがよいだろう。

最近は、多くの自治体が「お試し移住制度」を実施している。1年から2年住んでみれば、大体のことは分かるだろう。自宅を引き払うのは、移住先での暮らしの輪郭がはっきり見えてからでも、決して遅くはないのだ。

■後期高齢者の免許更新制度が変わる

田舎暮らしをするうえで必要不可欠になるのが車の運転だ。しかし、高齢者の運転に対する規制は次第に強化されつつある。例えば、2022年5月から75歳以上の後期高齢者の運転免許更新制度が変更される。一定の違反歴のある後期高齢者は、免許更新の際に運転技能検査が課せられることになったのだ。

対象となる違反行為は、①信号無視、②通行区分違反、③通行帯違反等、④速度超過、⑤横断等禁止違反、⑥踏切不停止等・遮断踏切立入り、⑦交差点右左折方法違反等、⑧交差点安全進行義務違反等、⑨横断歩行者等妨害等、⑩安全運転義務違反、⑪携帯電話使用

等の11の行為となっている。これまでに重大事故を起こした人とその人が犯したことのある違反行為の関係を分析した結果、将来重大事故を起こす可能性が高いとされた違反行為だ。ただ、実質的には、駐車違反や免許不携帯などの事故との関連性が明らかに薄い違反を除けば、大部分の交通違反が対象となり、過去3年間に一度でも違反をすれば、運転技能検査を受けなければならなくなる。警察庁が事前に218人を対象に行ったテストでは、およそ2割の運転技能検査の受検者が不合格になったという。

後期高齢者に運転技能の検査を課すことは、近年相次いでいる高齢ドライバーによる交通事故が大きな社会問題になったことの影響が大きいと思われる。

しかし、高齢者の運転が極端に危険ということでは必ずしもない。警察庁の「交通重傷事故の発生状況」（2020年）によると、原付以上運転者の年齢層別免許保有者10万人当たり重傷事故件数は、全年齢平均が29件であるのに対して、65～69歳が28件、70～74歳が31件、75～79歳が40件、80～84歳が44件、85歳以上が61件と、年齢が高まるほど事故件数が増えていくのは事実だが、劇的に増加するというほどでもない。ちなみに16～19歳は103件だから、未成年のほうが高齢者よりもずっと事故を起こす可能性が高いのだ。また、20～24歳は41件で、75～79歳とほぼ同じレベルだ。高齢になると運動能力が低下することは間違いないが、高齢者はその分慎重に運転する人が多いから、重傷事故につながりにくいのだ。

もう一つの問題は、地域の問題だ。これは明確なデータがないので、あくまでも印象論だが、ニュースをみていると、高齢ドライバーによる重傷事故が発生している地域は、大部分が都市部だ。後期高齢者が都市中心部を運転するのは、確かにリスクを伴うが、あまり人の住んでいないところを走る分には、それほど大きな問題がないのではなかろうか。

なぜこんなことを書いているのかというと、**地方の高齢者にとって、車は、生きていくために必要不可欠の道具になっているからだ。**私は2001年から自宅近くの畑を借りて農業を始めたのだが、いま一番欲しい道具は、軽トラックだ。肥料や収穫物、農業用水の運搬に欠かせないからだ。私は耕作面積が小さいから、苦労しながらも自転車で済ませているが、**農業で生活している後期高齢者が運転免許を奪われると、そもそも仕事が成り立たなくなってしまうのだ。**

法律を作る人は、都会の人だから、そうしたところへの配慮が足りないのだと思う。私は、仮に後期高齢者が運転技能検査に合格できなかったとしても、例えば大都市以外では運転できるとか、軽自動車は運転できるという制限緩和をしても、後期高齢者の運転による重傷事故の抑制には、十分効果があるのではないかと考えている。

ただ、今回の制度改正のなかにも、後期高齢者への配慮がいくつか見られる。一つは、運転技能検査を受けなければならないのは、3年間で一度でも危険な違反をした場合だけということだ。つまり、違反をしないように注意をして運転をすれば、受検を避けられるのだ。

また、運転技能検査は、更新期間中なら何度でも受けられる。だから新制度の下で後期高齢者は、できるだけ早い時期に更新の手続きに入るべきだ。すぐに次の予約が取れるとは限らないからだ。また、検査でチェックされる項目は決まっているので、受検前に運転のトレーニングをしておくことが重要かもしれない。もしかすると、後期高齢者向けの運転技能検査対策を指導する教習所のようなビジネスが生まれるのかもしれない。

3．トカイナカに住む

終《つい》の棲家《すみか》は、都会と田舎の二者択一ではない。**もう一つの選択肢として、トカイとイナカの中間、すなわちトカイナカがある。**

トカイナカの定義は、まだ厳密に定まっていないが、私は、東京のケースでは、都心から直線距離で40キロから60キロ程度の地域だと考えている。ちょうど、圏央道（首都圏中央連絡自動車道）周辺の地域だ。列車で都心から1時間前後で到達できる地域でもある。

東京の場合、圏央道周辺までくると、田園風景が広がり、田舎に近い自然環境が得られる。ただ、都心に通勤する人も多く、一定の人口密度があるため、都心ほどではないが、都市機能もそれなりに充実している。医療機関も、都心ほどではないが、そこそこ充実している。そして、人間関係も田舎ほど濃密ではないが、都心ほど空疎でもない。つまり、**あらゆる意味でトカイナカは都会と田舎の中間なのだ。**

すでにトカイナカの人気は高まっている。不動産・住宅情報サイト大手のライフルホームズが、2021年2月に発表した調査（首都圏対象）で、「借りてみたい街（駅）ランキング」の1位に神奈川県の本厚木《ほんあつぎ》が選ばれたのだ。本厚木の駅から直線距離で最も近い高速道路のインターチェンジは、圏央道の海老名《えびな》インターチェンジだ。まさにトカイナカが1位を獲得したのだ。

本厚木以外にも、4位の八王子《はちおうじ》は圏央道沿いだし、2位の大宮《おおみや》、6位の千葉など、圏央道より東京寄りであるものの、東京から少し離れた郊外が、ベストテン上位に並んでいる。

一方、これまで若者の人気を集め、ランキングの常連だった三軒茶屋《さんげんぢゃや》や吉祥寺《きちじょうじ》は、ランク外に転落している。いったいなぜこのようなことが起きているのか。ここからは、トカイナカのメリットを整理しておこう。

■トカイナカのメリット

第一のメリットは、豊かな自然だ。例えば、厚木《あつぎ》は里山の風景を残し、バーベキューも楽しめる七沢《ななさわ》森林公園をはじめとして、自然を楽しめるスポットがたくさんある。都市にも公園はあるが、大自然を活《い》かしたものは、郊外に行かないと、なかなか存在しないのだ。

第二は、新型コロナウイルスの感染リスクだろう。人口密度が低い郊外のほうが感染防止に有利なことは、間違いないのだ。

第三は、家賃だ。図表3－6にも示されているように1LDKの家賃相場は、本厚木が7万1000円であるのに対して、15位の荻窪は12万9000円と8割以上高くなっているのだ。都心の駅だと、当然ながらもっと高くなる。

第四は、ここがトカイナカと田舎との最大の違いだが、都心に出やすいことだ。借りて

図表3-6　首都圏版 LIFULL HOME'S借りて住みたい街(駅)ランキング

順位	前回比	駅名(代表的な沿線名)	都道府県	平均家賃(1LDK)
1	3位アップ↑	**本厚木**(小田急小田原線)	神奈川県	約7万1000円
2	3位アップ↑	**大宮**(JR京浜東北・根岸線ほか)	埼玉県	約9万円
3	1位ダウン↓	**葛西**(東京メトロ東西線)	東京都	約9万7000円
4	3位アップ↑	**八王子**(JR中央線ほか)	東京都	約7万8000円
5	4位ダウン↓	**池袋**(JR山手線ほか)	東京都	約13万9000円
6	8位アップ↑	**千葉**(JR総武線ほか)	千葉県	約7万9000円
7	4位アップ↑	**蕨**(JR京浜東北・根岸線)	埼玉県	約8万2000円
8	9位アップ↑	**三鷹**(JR中央線ほか)	東京都	約12万1000円
9	7位アップ↑	**柏**(JR常磐線ほか)	千葉県	約7万4000円
10	7位ダウン↓	**川崎**(JR東海道本線ほか)	神奈川県	約10万7000円
11	2位アップ↑	**高円寺**(JR中央線ほか)	東京都	約12万6000円
12	8位アップ↑	**西川口**(JR京浜東北・根岸線)	埼玉県	約8万5000円
13	8位アップ↑	**船橋**(JR総武線ほか)	千葉県	約9万円
14	8位アップ↑	**町田**(小田急小田原線ほか)	東京都	約8万7000円
15	7位ダウン↓	**荻窪**(JR中央線ほか)	東京都	約12万9000円

※資料：LIFULL「2021年 LIFULL HOME'S 住みたい街ランキング」。

みたい街(駅)ランキング1位を獲得した本厚木が人気を集めたのは、始発駅だということも影響していると思われる。本厚木からは、多くの始発電車が運行されているので、座って通勤ができる。しかも小田急線は、東京メトロの千代田《ちよだ》線に乗り入れているので、都心まで座って通勤することも可能だ。特急料金は必要だが、特急だと本厚木から都心の霞ケ《かすみが》関《せき》まで直通で1時間ちょうどで到着するのだ。

ただ、これまでのサラリーマンは、トカイナカに住むと、「通勤地獄」に耐えないといけなかった。乗車時間が60分といっても、毎日の往復でおしくらまんじゅうに耐えるのは相当辛《つら》いのだ。だから、現役世代からは、トカイナカは敬遠されがちだった。しかし、新

図表3-7　圏央道路線図

※出所：国土交通省関東地方整備局　https://www.ktr.mlit.go.jp/road/shihon/index00000036.html

型コロナウイルスの感染拡大でリモートワークが普及したことによって、通勤電車の混雑が3割ほど減った。そのため、乗車時間がそれほど辛くなくなったのだ。また、リモートワークで、家で仕事をするときには、そもそも通勤の必要がないのだから、通勤の苦痛はない。それならトカイナカだけではなく、田舎も一緒じゃないかと思われるかもしれないが、私の知る限り、完全なリモートワークという人は少ない。週に一度とか二度は、通勤しないといけない人が大勢を占めるのだ。

そのとき問題になるのが、移動のコストだ。図表3－8は、本厚木と同じ60分前後で東京駅に到達できる駅の一覧だ。

新幹線を使えば、東京駅から60分以内で、東海道新幹線は静岡駅、北陸新幹線は高崎《たかさき》駅、東北新幹線だと宇都宮《うつのみや》駅まで行けるのだ。距離にすると105キロから180キロ先まで移動できる。ただ、問題は移動のコストだ。新幹線を利用すると特急料金が加算されるため、片道4490円から5940円の料金がかかる。往復だと1万円前後だ。実際にこうした地域から通勤をしている人は数多くいるが、立派な会社に勤めていて新幹線の通勤交通費を会社が負担してくれたり、あるいは年収が高くて、高い交通費負担に耐えられる人に限られている。それと比べると、トカイナカは都心との往復をしても2000円以内で

図表3-8　都心との距離とコスト

	所要分数	運賃（円）	距離（km）
静岡	56	5,940	180.2
高崎	58	4,490	105.0
宇都宮	54	4,490	109.5
金沢八景	59	770	47.5
相模大野	60	550	38.0
茅ケ崎	61	990	58.6
八王子	64	820	47.4
小手指	63	580	38.1
小田急多摩センター	61	550	36.3
川越	59	680	39.2
北本	61	860	46.7
久喜	62	860	48.9
春日部	57	750	37.1
藤代	61	860	49.2
蘇我	51	770	43.0
ユーカリが丘	59	730	41.3
佐倉	62	990	55.3

※注：「駅すぱあと」による２０２１年8月の検索結果。新幹線以外は有料特急利用せず。

収まる。これだと会社員の場合は、通勤交通費を全額会社が負担してくれるし、老後に都心に出かけることがあっても、交通費の負担が小さくて済むのだ。

また都心とは逆方向に向かうときも、おおむね有利だ。夏休みなどは観光地に向かう高速道路が大渋滞を起こすが、トカイナカに住んでいれば、往路の渋滞が始まる前に出かけて、復路の渋滞が始まる前に戻ってくることができる。本厚木の場合、圏央道の海老名インターチェンジが近いだけでなく、東名高速や小《お》田《だ》原《わら》厚木《あつぎ》道路の厚木《あつぎ》インターチェンジもすぐ近くにある。このため、**東京方面に向かうときも、逆に地方に出かけるときも、とても便利なのだ。**

トカイナカの**第五のメリットは、生活コストが安いことだ。**家賃も住宅の分譲価格も都心の半額以下だし、物価も安い。物価は都心が高くて、郊外になると安くなり、田舎に行くと再び高くなる。トカイナカは、ロードサイドに大型の商業施設が並んでいて、競争が激しいので、高い値段を取れないのだ。

また、電気代は地域による差が小さいが、水道料金は地域差が大きい。サイト『水と暮らす』(https://waterserver-mizu.com/interview/suidou_ranking)では、都道府県別の水道料金を比較している。このサイトを見ると、**都会や田舎が高く、トカイナカが安い傾向にある**ことが分かるだろう。もちろん、注意しておく必要があるのは、同じ県内でも、市町村によって水道料金は大きく異なるということだ。田舎で人口密度が低くても、豊富な湧き水や水源となる河川が近くにあるようなところでは、水道料金がとても安い。また、水道局の管理の効率性によっても料金は異なってくる。

ちなみに、水道使用量が20立米のとき、全国で最も料金が安い市町村は、兵庫県の赤穂《あこう》市で853円、最も高いのは北海道夕張《ゆうばり》市の6841円で、実に8倍もの格差が存在している。だから厳密には言えないのだが、おおまかに捉《とら》えれば、トカイナカは水道料金も安いのだ。

トカイナカの**第六のメリットは、住民が庶民ばかりだということだ**。だから、見栄の張り合いをする必要がない。「公園デビュー」や「お受験」競争とは無縁の生活ができるのだ。

トカイナカの**第七のメリットは、働く気になったときに、多くの雇用機会があることだ**。例えば、東京のコンビニで売られている弁当の大部分は、圏央道周辺のトカイナカで作られている。大型商業施設やチェーン展開する飲食店など多くの事業所があるため、働く場所に事欠かないのだ。

■トカイナカのデメリット

一方、トカイナカの**デメリットは、田舎と比べると、家賃や住宅価格が高いことだ**。特に駅から徒歩圏内の場所だと、新築一戸建ての物件で3000万円台から4000万円台というのがおおよその相場になっている。ただ、トカイナカの場合、都会と一番違うのは、駅から少し離れると、物件価格が劇的に安くなることだ。中古でよければ、1000万円を切る値段で一戸建て住宅を買うこともできる。ただ、バス便が少ないので、駅にでるときには、タクシーを呼ぶか、自転車で出かける必要がある。

ただ、タクシーに関しては、最近大きな変化があった。確かに、トカイナカでは流しのタクシーがほとんどいないのだが、最近登場した「GO」というスマホのアプリは、近くにいる空車のタクシーがいるから、タクシーを探して配車してくれる。トカイナカだと、駅前にはだいたい空車のタクシーがいるから、10分程度で自宅にタクシーが迎えに来る。迎車料金はタクシー会社によって異なっているが、埼玉県の場合は300円程度だ。宮城県のように迎車料金がゼロの地域もある。外出先から電車で帰ってきた場合は、駅のロータリーに客待ちタクシーがいるから、それに乗って帰ればよい。毎日通勤しなければならない現役世代は、通勤にタクシーを使うわけにはいかないが、外出の機会が減る高齢期には、トカイナカの移動面でのデメリットは、そんなに大きくなくなっているのだ。

そして、トカイナカの**最大のデメリットは、「つまらない」ということだ**。渋谷とか原《はら》宿《じゅく》で売られているような最先端のファッションを扱う店はないし、テレビのグルメ番組で紹介されるような高級料亭やおしゃれなレストランはない。いまが旬の一流ミュージシャンのコンサートも滅多に開催されない。たまに演歌歌手がやってくるくらいだ。ただ、つまらないというのは、あくまでも都会の物差しで測った場合のことで、自然のなかを散策するとか、昆虫採集をするとか、家庭菜園をするとか、トカイナカならではの人生の楽しみ方は、いくらでもあるのだ。さらに**街が「つまらない」からこそ、あくなき消費拡大への執着を捨てることができるのだ。**

■早めの人生設計を

ここまでみてきたように、今後年金月額給付が13万円に減っていったときにでも、①大都市に住み続ける、②田舎に移住する、③トカイナカに住むという3つの老後生活の選択肢があり、どれも実現することが可能だ。ただ、どのライフスタイルを選ぶのかによって、老後生活は大きく変わることになる。例えば、大都市での生活を続けようとしたら、よほど大きな老後資金を抱えている場合を除けば、働き続けるしかなくなる。田舎にいけば、濃密な人間関係のなかに身を投じないといけなくなる。どこに住むかで、老後生活が根本的に変わってしまうので、きちんとした人生の設計図を描いておくことが何より大切になるのだ。

そこで、ここでは**年金13万円時代を迎えたとき、一体どのような暮らし向きになるのか**

を、大都市、トカイナカ、田舎の3つに分けてみていこう。

図表3－9は、2019年に行われた「全国家計構造調査」の都市規模別の消費支出とその構成をみたものだ。言ってみれば、現役世代を含めた平均的な消費構造だ。

費目ごとの消費を都市規模別にみると、意外なことに、多くの項目で都市規模別に大きな差はみられない。しかし、そのなかで、はっきりと違いがある費目がある。それが住居費と光熱・水道費、そして交通・通信費だ。

住居費は、明らかに大都市のほうが高い。大都市で3万円程度という金額は、随分低いような気がするかもしれないが、持ち家率は、現在61％に達しており、持ち家世帯のローン返済分は住居費に含まれていないから、平均値が低くなるのだ。そうした事情を踏まえても、町村部の住居費は大都市の半分となっており、都市規模が小さいほど、住居費の負担は小さくなる。

一方、光熱・水道費は都市規模が小さいほど大きくなっている。本文で触れたように水道料金は都市規模が小さいほど高くなる傾向があるうえ、実は電気代も小都市のほうが高くなっている。おそらく、住宅の面積が広くなるので、それに従って消費する電力も増えているのだろう。

さらに、交通・通信費も都市規模が小さいほど高くなっている。これも本文で触れたとおりで、郊外や田舎に行くと生活のために自家用車の利用が不可欠になるからだ。

こうした消費構成の違いがあっても、消費支出全体としてみると、都市規模間の消費支出の差はほとんどない。**つまり、田舎に移住したからといって、生活費が下がるということは、ほとんどないのだ。**

ただ、私は、年金13万円時代を迎えた時の家計のやり繰りは、都市規模別に相当異なってくると考えている。それをイメージとして分かりやすいように示したのが、図表3－10だ。

この表をどのように作ったのかというと、住居費、光熱・水道費、保健・医療費はカットできないものとして、現状程度とした。交通・通信費は自家用車を大都市では保有せず、トカイナカと田舎では中古の軽自動車とした。トカイナカと比べて田舎のほうが高いのは、ガソリンの価格が高いことと走行距離が長いことを考慮したためだ。

その他、被服・履物、教育、その他消費は3分の1以下に大幅カットしている。定年後に着飾る必要はあまりなくなるし、習い事もそれほどしなくてよい。こづかいや交際費などを含む「その他消費」も、所得が減れば、真っ先にカットされる存在だ。そして、13万円から、これらの支出を差し引く形で、食料費を算出している。食料費は、一番増減がしやすいからだ。教養娯楽費は、現状維持したいところだが、それではどうしても生活費が収入を超えてしまうので、田舎のみ現在の大都市並みに維持、トカイナカは3割カット、大都市は現在の5分の1にカットという設定にしている。

推計結果をみると、大都市で食料費が月3万7000円というのは、難しいと感じるかもしれない。ただ、私は不可能ではないと思う。何年か前に私はテレビ朝日系『いきなり！黄金伝説。』というテレビ番組で、1カ月1万円生活というのを体験したことがある。番組内で、節約に節約を重ねた結果、私の1カ月の食費は4200円で収まった。だから夫婦で3万7000円というのは、絶対に不可能というわけではない。ただし、贅沢はできなくなる。外食は一切できないし、高級な食材も使えなくなる。

一方、住居費の3万円というのは、すでにマンションを持っていて、ローンを完済している場合は、可能だろう。大都市の一般的なマンションでは、管理費と修繕積立金の合計が先にみたとおり、3万円程度になるからだ。ただ、持ち家ではない人にとっては相当厳しいことは事実だろう。例えば東京都区内で3万円の家賃のところは、とても古い木造アパートで、風呂《ふろ》なし、トイレ共同といったことが多いからだ。

図表3-9　都市規模別の消費支出とその構成

(円)

	大都市	中都市	小都市A	小都市B	町村
消費支出	239,435	235,478	235,690	233,560	242,883
食料	65,326	63,514	62,859	60,264	64,842
住居	29,196	20,925	20,338	16,910	14,948
光熱・水道	14,996	16,743	17,652	19,059	19,990
家具・家事用品	7,416	7,980	8,383	9,090	9,168
被服・履物	10,403	8,845	8,808	8,342	9,073
保健・医療	11,750	11,734	11,486	11,698	11,300
交通・通信	28,536	34,262	35,674	38,881	44,405
うち自動車	9,940	16,933	18,097	22,023	26,643
教育	9,027	7,192	6,641	4,344	5,517
教養娯楽	25,390	24,638	24,095	20,888	22,183
その他消費	37,394	39,644	39,752	44,083	41,457

※資料：総務省「全国家計構造調査」(2019年)。

図表3-10　年金13万円時代の都市規模別の消費支出とその構成

(円)

	大都市	トカイナカ	田舎
消費支出	130,000	130,000	130,000
食料	37,000	25,000	10,000
住居	30,000	20,000	15,000
光熱・水道	15,000	17,000	20,000
家具・家事用品	3,000	3,000	3,000
被服・履物	3,000	3,000	3,000
保健・医療	11,000	11,000	11,000
交通・通信	18,000	25,000	35,000
うち自動車	0	15,000	20,000
教育	3,000	3,000	3,000
教養娯楽	5,000	18,000	25,000
その他消費	5,000	5,000	5,000

一方、トカイナカの食料費は、2万5000円と大都市より厳しい数字になっている。トカイナカのほうが3割安く食材を買えるとしても、さらに節約が必要になるだろう。だから私は、トカイナカに住む場合は、マイクロ農業による自産自消を考えるべきだと思う。野菜や果実を自宅の畑から収穫してくれれば、この程度の食料費の削減は十分達成できるだろう。また、田舎暮らしの場合の食料費1万円というのも、まったく問題ない。田舎であれば、自給自足に近い生活が十分可能だからだ。

ただ、一つだけはっきりしていることは、**年金13万円時代になると、おしゃれなレストランに食事に行ったり、頻繁にライブに出かけたり、エンターテインメント施設で遊んだり、流行のファッションを追いかけたりといったライフスタイルは、どこに住んでいようとできなくなるということだ。**

その時の大都市暮らしというのは、果たして意味があるのだろうか。繰り返しになるが、大都市というのはお金がある人にだけ楽しい街だ。周りが楽しい暮らしをしているなかで、自分だけがどこにも出かけられずに、狭い部屋で1日、ずっとスマホをいじっている。たまの外出は、買い物と散歩だけ。そんな暮らしを、私はどうしても素敵だとは思えないのだ。

ただ、すでに述べたとおり、もし田舎暮らしやトカイナカへの移住を考えるのであれば、私は定年を待たずに移動したほうがよいと思う。地域のコミュニティとの関係を作るには、それなりの時間がかかるからだ。

私は、いまから35年も前に所沢のトカイナカに移り住んだのだが、早めに移り住んで本当によかったと考えている。そしていままでは、死ぬまでいまの家で過ごそうと思っている。

私が、なぜトカイナカに移り住んだのか、そのトカイナカで何をしているのか、そしてなぜ私がいま人生で最高の幸せを感じているのかは、章を改めて、書いていこうと思う。

第4章　自産自消の一人社会実験

■コロナ禍でみえてきた定年後のライフスタイル

第3章までは、なるべく客観的に、老後生活の展望とそこでの選択肢について書いてきた。偏っていると思われたかもしれないが、なるべく公平に書いてきたつもりだ。ただ、本章では、自分がやってきたことを中心に、私の意見を書いていこうと思う。

2020年から感染が拡大した新型コロナウイルスは、私のライフスタイルを激変させた。大学の授業がリモートになり、雑誌の取材などもリモートになった。そして一番変わったのは、講演やイベントの仕事がほとんどなくなったことだ。そのため、東京に出かける機会は大幅に減り、東京を起点に全国を飛び回ることもなくなった。コロナ前は、月曜日の昼に東京に出かけて行って、そのまま東京の事務所のソファーで寝て、家に戻ってくるのは金曜日の夜という生活を繰り返していた。そして週末も、全国各地に講演に出かけていた。それが、コロナ禍で移動ができなくなったことによって、毎日、自宅で過ごすことになった。「おうち時間」が爆発的に拡大したのだ。新型コロナウイルスの感染拡大で、よいことなど何もなかったのだが、個人的には図らずも定年後のシミュレーションができたことが大きな収穫だった。もともとトカイナカ暮らしはよいなと思っていたのだが、実際にやってみて、それが確信に変わったのだ。コロナ禍では、都心部の事務所暮らしとトカイナカ暮らしの差は際立っていた。東京の暮らしは窮屈だった。人ごみのなかで、感染のリスクに常に怯《おび》えないといけない。コロナでおうち時間の増えた人たちの多くが、自宅の大掃除と断捨離を行ったが、それも1カ月もあれば、済んでしまう。その後、出かけようと思っても、飲食店やエンターテインメント施設は開いていないか、営業時間が短縮されていた。行き場を失ってしまった大都市の人は、時間を持て余してしまったのだ。

一方、私の場合は、コロナ禍でも、自由で、とても楽しい時間を過ごすことができた。大学がオンライン授業になって、対面の時のような自由度が授業のなかからなくなったのは残念だったが、**通勤時間がなくなって、新しく生まれた時間の大部分を私設博物館と近所に借りた畑で過ごすことができたからだ**。私は、博物館の展示作業と畑の作業中は、マスクをしていない。誰とも接触していないから、マスクなしでも問題ないのだ。そして、博物館と畑は、やることが無限にある。博物館には未展示のコレクションが無数にあるし、畑は季節に合わせて作物を次々に替えていかないといけない。スイカの人工授粉も毎朝必要だし、何より雑草は毎日生えてくるから、やることが途絶えることはないのだ。それだけではなく、博物館も畑もとても楽しい。一度始めると夢中になって、時間を忘れて没頭できるのだ。**定年後は、この暮らしで十分というか、これをやりたいと強く思うようになった。定年後のライフスタイルが、くっきりとみえたのだ。**

■トカイナカ暮らしの始まり

実は、私がトカイナカ生活を始めたきっかけは、熟慮を重ねた結果ではなく、バブルの到来という偶然がもたらしたものだった。

１９８３年に結婚して神奈川県川崎《かわさき》市の日本専売公社の社宅に住んでいた私が、所沢市に家を買って移り住んだのは、１９８５年のことだった。当時私は、経済企画庁（現内閣府経済社会総合研究所）という役所に勤務していた。私の職場は、総合計画局という国の長期ビジョン作成と省庁間の政策調整を行うところだった。私の直接の仕事は、労働班という労働関係を扱う部署だったが、課長補佐にあたる副計画官が異動になって、副計画官ポストが空席になってしまった。そのため、平社員の私に重要な仕事が回ってくることになった。だから仕事が面白かった。私は毎日深夜まで役所に残って仕事をしたし、いろいろな部署に顔を出していた。

ある日、総合計画局の計量班が保有していた中期多部門モデルという経済モデル（将来を予測するための経済の模型）をいじらせてもらっていたとき、近い将来、株価や地価が暴騰するという予測結果がでてきた。最初は、条件の設定を間違えたのかと思って、いろいろチェックをしたのだが、どこも間違っていない。建設省から出向してきた同僚と議論を重ねて、「やはりこうなるに違いない」という結論に至った。

まだ、バブルという言葉が世間にほとんど知られていない時期に私は、「バブルが来るぞ」と庁内を警告して回った。ところが、私の叫びに耳を傾けてくれる人が庁内には誰もいなかった。私は庁内で「オオカミ少年」のような目で見られるようになってしまった。そのことに反発した私は、自らの予測への自信を証明しようと、所沢に築浅の中古住宅を2600万円で購入した。

最初は、住んでいる川崎市の社宅近くの家を探したのだが、当時でも川崎市溝口《みぞのくち》の土地は、坪100万円以上していた。150万円くらいのところもあったと思う。当時私の年収は300万円程度で、土地だけで4000万円もする家が買えるはずがなかった。そこで川崎をあきらめて、妻の実家に近い所沢市に目を付けたのだ。所沢は土地が坪60万円くらいだったので、総額2600万円で中古住宅が買えたのだ。ただ、当時の住宅ローンの金利は7%で、自己資金も多くなかった。父親に連帯保証人になってもらって借りられるだけ借りたが、おかげでローン支払い後の手取り月収は、6万円台になってしまった。長男が生まれた直後だったので、給料日にはドラッグストアで安い粉ミルクの缶を優先して購入し、残りのお金で生活する我が家の家計は、火の車だった。給料日前になると、おかずが減っていき、夕食のおかずが、ヒジキだけという日もあった。

この家には8年間住んで、1993年に最初に住んだ家のすぐ近くに土地を買って、新しく家を建てた。それがいまの家なのだが、竣工《しゅんこう》からもう28年が経っている。

所沢という と、都会に近い場所を思い浮かべるかもしれない。確かに、所沢《ところざわ》駅の周りはタワーマンションが建ち並んで、大都会に近づいているが、我が家は所沢駅のさらに先で、駅からも離れている。トカイナカの定義は、都心から直線距離で40キロから60キロ程度の地域と言ったが、厳密に言うと少し違う。駅から離れて、人口密度が下がり、畑や田んぼが存在しているところが本当のトカイナカだ。いまの家を建てたときは、我が家はトカイナカのなかでも、田舎の要素のほうが強かった。リビングの横は竹林で、何も見えなかった。家の北側も林で、その先が畑だったので、人家はまったく見えなかった。だから、当初の設計では風呂《ふろ》場の窓は、透明ガラスだった。その後、北側の開発計画を知って、あわてて、すりガラスに取り換えたほどだ。自然も豊かで、カブトムシやクワガタはもちろん、キツツキが庭の木をつつき、ウグイスが鳴いていた。モグラもコウモリもタヌキもいて、秋には虫の大合唱だ。小学校からの帰り道、息子が50センチほどの小さなヘビをぶら下げて帰ってきたこともある。妻に、「ヘビを家に入れちゃだめと言ってるでしょ」と息子は叱られていた。

我が家から東京都心の勤務地には1時間半ほどかかる。ただ私が幸運だったのは、役所で働いているときも、その後シンクタンクに勤めていたときも、始業時間が午前10時くらいと遅かったことだ。我が家の利用駅は始発駅なので、それくらいのタイミングだと、朝の通勤時も、並ばなくても座っていける。列車のなかは、睡眠不足を補うために寝ていてもいいし、本を読んでもいいし、小型のワープロで原稿を書いていることも多かった。帰りは、ほぼ終電だから、車内はそんなに混んでいなかったし、終電を過ぎてタクシーで帰ることも多かったから、私は通勤地獄というのをほとんど経験していない。

ただ、平日は、家に帰って寝るだけだったので、私はトカイナカに住んでいるといっても、実質的に家にいるのは週末だけだった。それでも、トカイナカがいいなと感じたのは、自然が豊かで、子どもを育てる環境としては、私が子ども時代を過ごした昭和30年代の東京と同じような感じだったからだ。

■二拠点生活の始まり

そんな週末トカイナカ生活が、大きく変わったのは、2000年からテレビ朝日系『ニュースステーション』のコメンテータを務めるようになり、2003年に私が書いた『年収300万円時代を生き抜く経済学』が大ヒットして、メディア関係の仕事が爆発的に増えたことがきっかけだった。

2003年からの10年間は、年末年始も含めて1日も休まなかった。特に2005年3月から2年半、ニッポン放送の『森永卓郎 朝はニッポン一番ノリ!』という帯番組のパーソナリティをやっていたときは、平日毎朝午前5時から8時半までの生放送だった。当時は、テレビやラジオのレギュラーが13本あって、新聞や雑誌の連載が37本もあった。そのなかには、新聞への毎日の連載もあった。さらに月間10回くらいの講演もこなしていた。

当然、睡眠時間はどんどん減っていき、2時間くらいしか寝られなくなった。だから朝のラジオ放送がＣＭの時間になると、即座に寝落ちしていた。アシスタントをしてくれていた那須恵理子アナウンサーは、私の寝不足を分かっていて、ＣＭ明け直前に私の頭をポンと叩《たた》いて起こしてくれるというまさに綱渡りの状況だったのだ。

いまから振り返ると、よく生きていたなと思うような激務だった。そうした暮らしのなかで、所沢の自宅に戻る時間はほとんどなくなっていた。家族からは、「うちは母子家庭」と言われるくらいだった。

当時は、まだテレビ局やラジオ局に余力があって、早朝からの番組に出演する場合には前日の夜からホテルを用意してくれた。ノートパソコンは、ホテルが預かってくれたので、私は平日の一部を東京のホテルで過ごすようになった。実質的な二拠点生活が始まったのだ。

■シンクタンクを追い出された

そうした暮らしに転機が訪れたのは、２００６年１月に東京三菱銀行とＵＦＪ銀行が合併したときだった。当時私は、ＵＦＪ銀行の子会社であるＵＦＪ総合研究所に勤めていた。

ただ、2003年以降は、テレビやラジオなどメディア関係の仕事が殺到して、本業のシンクタンク研究員の仕事がなかなかできない状態に陥っていた。そのときでもUFJ総合研究所は柔軟に対応してくれた。2005年からは客員主席研究員として、会社に籍を置きながら、会社の仕事と離れて、完全に自由な活動をしてよいことになったのだ。会社からの給与は一切受け取らず、逆に私は自分の席の家賃相当額を会社に支払っていた。

東京三菱銀行とUFJ銀行の合併は、表向きは対等合併ということになっているが、その実態は、経営が追い詰められたUFJ銀行が東京三菱銀行に吸収合併されるものだった。だから合併直後に東京三菱銀行から「進駐軍」がやってきて、社内の空気が一変した。管理が突然厳しくなったのだ。例えば、外部からの取材を受けるときには事前に稟議《りんぎ》を回せと言われた。当時の私は、多い日には1日10件くらいの取材を受けていたから、いちいち稟議など回していたら、仕事にならない。

結果さえ出していれば文句を言わなかった「体育会系」のUFJと、何でもきちんと手続きを踏まないといけない「官僚系」の三菱とでは、会社の風土がまったく違っていたのだ。すぐに私と新しい経営陣の関係がギクシャクしはじめた。そして突然、会社から辞めてほしいと言われてしまったのだ。給料を払っているわけではないのだから、そんなに急に辞めろと言わなくてもよいのにと当時は思ったのだが、私は三菱からの新経営陣に相当嫌われていたようだ。会社の指揮命令系統に従わず、好き勝手に行動する社員がいること自体が気に入らなかったのだろう。これは後から聞いた話だが、新しい経営陣は、「二度と森永のような人間を出してはならない」と言っていたそうだ。

会社を辞めることになっても、収入面ではまったく問題がなかった。２００４年から獨協大学で教員の仕事を始めていたし、テレビやラジオや講演や執筆などの仕事はいくらでもあったからだ。ただ会社を出ていけと言われたとき、正直言って、私は少しあせった。その時点ではテレビ局やラジオ局の経営に余裕がなくなっていて、私にはホテルという都心の居場所がなくなっていたからだ。

東京に事務所がないと困ってしまう。そこで、あわてて東京・八丁堀《はっちょうぼり》のワンルームマンションを買って事務所にした。仕事は相変わらず、とてつもなく忙しかったので、事務所のソファーで眠る日が、あっという間に増え、平日はずっと事務所に泊まり込む生活になってしまった。月曜日に東京に出かけ、ずっと事務所のソファーでの寝泊まりを繰り返した後、金曜日に所沢の自宅に帰ってくる生活が始まったのだ。

事務所を拠点に新たな職場となった大学やテレビ局、ラジオ局、そして全国の講演に出かけて、戻ったら深夜まで原稿を書き続ける生活だった。食事も、ほぼ100%外食だった。しかし、そうした生活は私の健康を確実に蝕《むしば》んでいった。

■糖尿病が判明した

二拠点生活を始めて3年目の2009年の暮れ、私が52歳のときだった。足が痒《かゆ》くて、掻《か》いていたら、突然パンパンに腫《は》れ上がってしまった。とにかく痛くて歩けない。深夜に妻に病院に連れて行ってもらって、医師の診断を受けたら、雑菌が入って化膿《かのう》したのだと言われた。とりあえず抗生物質の点滴を受けた。当時はまだ24時間操業の状態を続けていて、早朝から深夜まで、テレビやラジオなどの仕事でスケジュールがびっしり埋まっていた。仕方がないので、足を包帯でぐるぐる巻きにしたまま、片足でケンケンしながらスタジオを回った。一番覚えているのは、文化放送の正月の生放送に出演したとき、司会の吉《よし》田《だ》照美《てるみ》さんから、「森永さん、正月早々なにふざけて入ってくるんですか」と言われてしまったことだ。確かに他人からみれば、ふざけているようにしか見えなかっただろう。

抗生物質の点滴をしてくれた医師からは、「一度、糖尿病の検査を受けたほうがいい」

と強く勧められた。ところが、24時間操業をしているので、病院に行く時間がない。ただ、そのとき幸運だったのは、家の近くの入間《いるま》市に武蔵藤沢セントラルクリニックという糖尿病専門のクリニックが開院したことだった。開院したばかりで、あまり患者の数が多くなかったこともあって、院長の和田誠基先生が、私の無理なスケジュールを聞いてくれたのだ。おかげで治療を受けることができるようになった。

最初の検査の結果は悲惨なものだった。ＨｂＡ１ｃは11・４％にもなっていた。ＨｂＡ１ｃは基準値が６・５％未満で、７％以上になると要治療、８％を超えると神経障害や腎障害などの合併症を起こしてもおかしくない。実際、当時は、いつものどが渇き、手足のしびれもあった。衝撃的だったのは、眼底検査の結果だった。眼底出血を起こしていて、失明の危機に陥っていた。和田先生からは、「ボクには森永さんが健康で60代を迎える姿をどうしても想像できない」とまで言われてしまった。

本来なら、入院治療が必要な症状だったのだが、仕事が忙しくて入院もできない。そこで、投薬に加えてＧＬＰ－１受容体作動薬を注射した。一時期はインシュリンの注射もした。治療を始めてから、症状はある程度収まったが、一進一退で、私のＨｂＡ１ｃは９％前後と、なかなか改善しなかった。原因は分かっていた。医師の指示どおりの食生活ができなかったからだ。

糖尿病には自覚症状がないと言われるが、それは違うと思う。治療の開始前は、特に強い症状があった。1日中のどが渇いていて、大量に水を飲まないといられない。1日4〜5リットルは、飲み物を飲んでいた。それも、コーラやジュースだった。飲む量が増えると、当然トイレが近くなる。

困ったのは、スタジオの収録だった。番組によっては、3時間くらいぶっ通しで収録が続く。ところが、その時間、トイレを我慢することができないのだ。一番ひどかった時期は、1時間も我慢できなかった。だから、長い収録時間が予想されるときは、半日くらい前から水断ちをした。すると、そのことで体調が悪くなるから、収録がとてもつらかった。治療を始めてからは、3時間くらいならトイレを我慢できるようになった。

トイレの問題だけでなく、血糖値が上がると体の状態が微妙に変化することも、分かるようになった。口のなかの水分や体のだるさ、むくみなどだ。自分自身で血糖値を測るときに、結果が表示される前に、大体の数字が予測できるようになった。だから、何を食べ、何を飲んだら、血糖値が上がるのかも分かっていたのだが、なかなか食生活を改善することができなかったのだ。

■ライザップで命が救われた

その生活に大転換が訪れたのは、２０１５年のことだった。ＴＢＳテレビの『オールスター感謝祭』にライザップのＣＭ出演権をかけたコーナーがあった。ＣＭ出演権を得ると、ＣＭ出演料で５００万円くれるというので、私は即座に手を挙げた。私以外の立候補者は、ホリエモンとフジモンとアントニーの３人だった。パンツ一丁になって、回転台のうえでグルグル回る４人の姿をテレビカメラが写して、それをみた視聴者がリモコンで投票するという仕掛けだった。その投票で私は圧勝した。理由は明らかだった。私のお腹が、候補者のなかで、断トツで出ていたからだ。そこでＣＭ撮影に向けて、私はライザップのトレーニングを受けることになったのだ。

ライザップのトレーニングで、私は、４カ月で体重20キロ減、ウエスト23センチ減を達成した。実際には、最初の1カ月半は、様々な医療検査をしていたので、ジムでのトレーニングをしたのは、実質的には2カ月半だ。短期間のダイエットに対しては批判もあるが、私は集中してやることは必要だと考えている。長期でやろうとすると、どうしても目標を先送りしてしまうし、我慢がストレスになるからだ。

ライザップのダイエットは二本柱だ。一つは低糖質の食事に変えることだ。いわゆる炭水化物断ちの食事で体重を減らすのだ。ダイエットは、カロリー制限と糖質制限の二つのやり方がある。どちらを支持するのかは医師でも意見が分かれているのだが、私自身の経験だと、糖質制限のほうが、圧倒的に効果がある。私の場合、コメ、麺《めん》類、パン類、スイーツ、フルーツ、根菜など糖質を多く含む食品を食べないように指導された。一方で、私のトレーナーは、糖質をあまり含まない食品は、いくら食べてもよいと言ってくれた。肉、魚、野菜、豆腐、納豆などは、いくら食べてもよかったのだ。そうは言っても、ついつい糖質の高いものを食べてしまうのではと思われるかもしれないが、ライザップでは毎食、食べたものを写真に撮って、トレーナーに送らないといけない。そして写真を送ると、大量のアドバイスが返ってくるので、糖質を多く含むものは食べられなくなるのだ。

もう一つ驚いたことがある。ライザップには管理栄養士がついていて、食事の指導をしてくれるのだが、その指導内容が、糖尿病治療のための管理栄養士の指導とほとんど一緒だったのだ。つまり、私はライザップをやることによって、図らずも食事面で、糖尿病治療と同じ「糖尿病食」を食べることになったのだ。

糖質カットと並んで、ライザップ式ダイエットのもう一つの柱は、トレーニングだ。糖質を摂《と》らないと、体は筋肉をエネルギーに変えに行くので、筋トレを同時に行わないと、筋力が衰えてしまうのだ。筋トレは、楽ではない。ただ、私についてくれたトレーナーは、厳しいことを言うのではなく、私を持ち上げる、つまり褒めることで、トレーニングを続けさせてくれた。トレーニングは、自分の限界の少し上までやるのがコツだ。例えば、バーベルを持ち上げるときに8回が限界だとすると、9回目、10回目を上げることが重要なのだ。限界を超えてトレーニングをすると、筋肉が壊れる。壊れた筋肉をたんぱく質が再生する過程で、筋肉が大きく太るからだ。

私のトレーナーは、私の限界を筋肉の震えや息遣いなど、さまざまな状況から瞬時に判断して、限界寸前のところでこう言う。「素晴らしい。パーフェクト。さあもう1回行きましょう」。豚もおだてりゃ木に登るというが、まさにそんな感じで、限界を超えてしまうのだ。

実は、私のライザップのトレーニングは、医師やトレーナーの厳格な管理の下で行われた。ありとあらゆる検査を行い、体の状態を正確に把握したうえで、例えば眼底出血のリスクを減らすため、トレーニングメニューは、眼圧がかからないタイプのものが選ばれた。

食事改善とそうしたトレーニングが、短期間のダイエット成功をもたらしたのだ。

ライザップのダイエットをやった結果、**一番驚いたことは、糖尿病が治ってしまったことだ。**糖尿病は一生治らないと言われるのだが、4カ月の低糖質の食事とトレーニングのおかげで、私のHbA1cは、いきなり5・8%まで下がった。その結果を受けて、主治医の指示で、治療を一切やめた。ライザップは、その後ゆるい形で6年間続け、その間も定期的に血糖値の測定と医師の診断を受けたが、ずっと治療の必要がない状態が続いた。いまでも糖尿病の治療は一切していない。

もちろん、ダイエットに成功したからといって、バカ食いをしたり、運動を完全にやめたりしてしまえば、リバウンドしてしまう。しかし、ゆるやかな糖質制限と適度な運動を続けていれば、リバウンドはしない。体重を減らすのには、それなりの努力が必要だが、それをキープすることは、さほど難しくないのだ。

そして、何より**「ゆるやかな糖質制限と適度な運動」の組み合わせは、私が話を聞いた多くの医師が共通して勧める健康法でもあるのだ。**

低糖質の食事にすると、食事の中心が炭水化物から野菜や肉や魚などに移るので、食費は増える。ただ、私の場合は、糖尿病の治療にかかっていたコストが1万円ほど減ったので、トータルの生活費はむしろ下がった。**健康は最大の節約でもあるのだ。**

ただ、当時は、ひとつだけ困ったことがあった。外食がむずかしかったことだ。いまでは、例えば吉野家が「ライザップ牛サラダ」を出していて、低糖質の外食もできるようになっているが、当時はそんなものはなかった。そのため、私は事務所で糖質制限食の自炊を始めた。もちろん仕事は相変わらず多忙を極めていたから、短時間で調理することが必《ひっ》須《す》だった。問題は、都心のスーパーで買い物をすると、自宅の近所で買うよりずっと高いことだった。幸い、私の勤めている獨協大学は、埼玉県の草加《そうか》市にあるので、物価が安い。そこで大学の昼休みにスーパーに出かけ、肉や野菜や豆腐など、必要な食材を１週間分まとめて購入することにした。平均すると、都心で買うより３割以上安い。肉は半額以下だった。そのおかげで、食費の増加も最小限で抑えることができたのだ。

■昭和村で始めた農業

そんな東京中心の二拠点生活が、もう一つの転機を迎えたのは、**２０１８年に群馬県昭和《しょうわ》村で「マイクロ農業」を始めたことだった。**元々、農作物を作るのが好きで、家の庭でトマトやキュウリ、ナスなどを育てていた。ただ、我が家の庭は、それほど日当たりがよくないので、なかなかうまくいかなかった。そこに、ちょくちょく訪れていた群馬県の「あぐりーむ昭和」という道の駅の倉澤新平駅長が声をかけてくれた。道の駅の隣にある農地で体験農業の参加者を募っているから、参加しませんかと誘われたのだ。当時は、土日もかなり仕事が詰まっていて、「毎週行けるか分からない」と言うと、駅長が「来られないときの除草作業は私がやりますから」と言ってくれたので、参加することにしたのだ。

昭和村の畑の面積はハウスまで含めて、10坪にも満たない小さな区画だったが、プロの農家が土づくりと苗や種の準備、そして農作業のあらゆるアドバイスをしてくれたので、狭い畑でも、家族では消費しきれないほどたくさんの収穫があった。

作物を育てるときに日照は決定的に重要だ。特に朝日が当たらない場所では、たいていの作物はなかなか育たないのだ。その点、昭和村の畑の日当たりは完璧《かんぺき》だった。周りに太陽を遮る建物が一切なかったからだ。そして、昭和村の畑にはもう一つの大きな利点があった。昭和村の土には、赤城《あかぎ》山が噴火したときの溶岩が、バラバラになって含まれている。だから水はけがよいのだが、雨が降った時にこの溶岩が水を吸い込んで、それをじわじわと放出してくれるので、1年を通して、ほとんど水やりの必要がないのだ。

ミニトマト、キュウリ、ナス、落花生、トウモロコシ、ジャガイモ、サツマイモ、スイカ、ネギ、ダイコン、それから2年目は田んぼでコメづくりもした。そうした体験が楽しくて、2020年も、3年目の昭和村農業を続けようと考えていた。だが、そこに新型コロナウイルス感染症が襲ってきた。あぐりーむ昭和から連絡があり、県を越える移動ができないので、体験農業のイベントを中止するとのことだった。

■自力で畑を始める

農業を続けたかった私は、最初、家の近くの土地を買おうと考えた。我が家のすぐ近くに売りに出されている住宅用の土地があった。いまは我が家の周囲も、そこそこ家が建ち始めていて、住宅用として売りに出される土地は、畑に向いているような日当たりではなかった。それでも購入しようと思った。それくらい農業が続けたかったのだが、妻が猛反対した。これ以上不動産を増やしてどうするのかと言うのだ。確かに、すでに博物館のビルを買っていて、固定資産税だけでも大きな負担になっている。本当は「農地」を買えればよいのだが、私の住んでいる所沢市では、30坪程度の小規模農地の売買は認められていない。結局私は農地の購入を断念せざるを得なかった。

ただ妻は単に反対しただけではなかった。代替策を用意してくれたのだ。近所の農家に頼み込んで、20坪ほどの畑を借りる手はずをつけてくれたのだ。本物の農家がやっている面積と比べたら、2桁《けた》くらい小さな規模だが、耕作放棄地だったので、土づくりの作業から始めた。鍬《くわ》1本で畑を耕し、石灰を入れ、堆肥《たいひ》を入れ、最後に肥料を入れていく。これが結構な作業量で、作業は遅々として進まなかった。土づくりを半分くらい終わらせたところで、畑を貸してくれた農家が、耕運機を貸してくれた。そのおかげで、私の1週間分の作業量が、わずか1時間で終わってしまった。農家がなぜ農業機械を欲しがるのかよく分かったのだ。

そして、私が一生懸命開墾を繰り返していると、畑のオーナーが「もっと広げていいよ」と言ってくれたので、私の畑は当初の3倍以上に広がっていった。

その後、整備した畑に、農協やホームセンターで買った野菜の苗を植え始めたのだが、コロナの自粛期間に家庭菜園をしようと考えた人が多かったようで、良い苗が手に入りにくくなった。そこで、種から育てることにした。腐葉土を入れたポットに大豆の種を播《ま》いて、苗を自宅の庭で作ったのだが、ポットの数に限りがあったので、3分の2くらいの種は畑に直播《じかま》きした。自宅に置いたポットの苗は順調に育ったのだが、畑のほうは一向に芽を出さない。何故だろうと不思議だったのだが、原因が分かった。

早朝に畑に行ってみると、直播きした大豆の種が跡形もなく消えていた。鳥に食べられてしまったのだ。豆類は、発芽した当初はまだ「豆っぽい」ので、鳥たちの楽園である畑では、格好の餌食《えじき》になってしまうのだ。鳥は、相当賢くて、落花生の種を5粒植えたのだが、そのうち4粒は掘り返されて、食べられてしまった。その他、正体不明の動物に畑を掘り返されるやら、キャベツが片端から虫に食われるやら、農業は動物や虫との闘いでもあるのだ。

それだけではない。肥料や水が多すぎても、少なすぎてもだめだし、大雨や強風が来たり、病気が出たりと、ありとあらゆる困難が次々に立ちはだかる。それらの困難を克服しながら、最後に収穫までたどり着いたときの喜びは、山登りにも似ていると思う。

ただ、順調に進むかに見えたマイクロ農業に、いきなり不幸が襲った。畑のオーナーだった農家のおじいさんが病気で亡くなってしまったのだ。都市型の農業をしている農家には莫大《ばくだい》な相続税がかかる。税金を払うために私が開墾した畑も売らざるを得ない。そこで、農作業は年内で終えて欲しいと言われてしまったのだ。自分の土地ではないので、もちろんそれは受け入れざるを得ない。2021年は、農作業を中断しなければならないと思ったのだが、そこに救世主が現れた。畑の仲間が、「近所で借りられそうな土地があるので、一緒に地主さんと話しに行こう」と声をかけてくれたのだ。そこで新たに30坪ほどの農地を借りることができた。私の耕す農地は100坪近くに急拡大した。調子にのった私は、比較的大きな面積が必要なスイカやサツマイモの栽培にも手を広げ、栽培する作物は25種類以上に拡大した。

ちなみに、この年のスイカは大成功を収めた。1株だけ植えたのだが、10個も収穫できた。しかも、なかが真っ赤で甘く、私がいままで食べたスイカのなかで一番おいしかった。収穫したスイカを地主のところに持っていったのだが、「どこかの青果店で買ってきたのではないか」と言われたくらいだった。ただし、成功は私の実力ではない。私は、スイカの苗を植えるタイミングが1カ月ほど遅れてしまった。しかし、2020年はスイカの生長期である7月に晴れた日が1日しかなかった。ところが、私の苗は植え付けが遅れたおかげで、日照りの続いた8月に実を大きくすることができたのだ。**農業は運にも大きく左右されるのだ。**

ただ、スイカの成功の裏で、私は大きな失敗もした。私は、農薬や除草剤を一切使って

いない。作物に残留するのが怖いからだ。ただ、そうなると虫が付くし、雑草がとてつもない勢いで生えてくる。普段はこまめに抜いているのだが、大学やテレビなどの仕事が重なって、しばらく畑に行けない時期があった。そのわずかな期間に雑草が大きく生長してしまったのだ。いったん生長した雑草は厄介だ。深く根を張るので、簡単には引き抜けない。私の畑の一部は、あっという間に雑草畑になってしまった。

雑草だらけにすると、近所にも迷惑がかかるし、畑を貸してくれた地主にも申し訳が立たない。見るに見かねた畑の仲間が、ガソリンエンジンのついた草刈り機で、雑草を一掃してくれたのだが、大変な作業だった。そこで学んだ。私のようにフルタイムの仕事を抱えている場合、農薬や除草剤を使わない農業は30坪が限界だ。本当は、広いほどいろいろな作物が作れて楽しいのだが、欲をかいてはいけない。2021年も畑を広げるチャンスはあったのだが、私は歯を食いしばって我慢した。この決断は正解だった。梅雨の時期は、一雨あるごとに一斉に雑草が芽吹くのだが、畑の面積を抑えたおかげで、雑草が根を張る前に駆除することに成功したからだ。

■非資本主義のコミュニティ

私が近所の畑を始めてから一番変わったことは、近所の人とのコミュニケーションが増えたことだ。畑をいじっていると、通りかかった近所の人が声をかけてくれる。作物が日々育っていく変化をみるのは、彼らも楽しいようで、話がはずむ。また、私の畑の周りは、定年後のサラリーマンを中心に、私と同じようなマイクロ農業をしている人がたくさんいる。彼らは育て方のアドバイスをしてくれたり、種や苗や麦わらなどの資材をくれたりする。作物自体も、「たくさん獲れたから」と言って、分けてくれる。また、よく都会の人から「畑を借りるときにいくら地代を払っているんですか」と聞かれるのだが、地代なんてない。土地のオーナーである農家にあいさつに行ったり、たくさん獲れた作物を持って行ったりするだけだ。**つまり、資本主義が存在しないのだ。**

　定年後の楽しみで畑をやっている先輩たちに、なぜ畑をずっとやっているのか話を聞くと、農業の面白さは2つあると言う。**一つは、思い通りにならないことだ。**自然が相手だから、いくら習熟していっても、自分の思い通りになるのは、せいぜい3分の2くらいだと彼らは言う。私は経験が浅いので、半分以上失敗する。しかし、失敗するからこそ、いろいろ知恵を使って、柔軟に対策を講じることができるのだ。トウモロコシはカラスに食われる。そこで防鳥糸を張り巡らした。それで被害はかなり小さくなったが、それでも3割くらいはやられた。そこで、トウモロコシ畑を小さくして、代わりにネットで完全に覆うことにした。これでカラスはなかなかに入れなくなった。

　根切り虫にも随分やられた。これは科学的根拠があるか分からないのだが、妻がインターネットをみていて、苗の周りに卵の殻を撒《ま》いておくとよいと言うので、やってみた。被害はまったくなかった。動物や昆虫との知恵比べは、ちょっとしたゲームのようで楽しい。

　そして、手をかければかけるほど、作物が育っていく。**農業のもう一つの楽しみは、全部自分で決められるということだ。**サラリーマンは、思い通りにできないことばかりだ。給料は我慢料だと言う人もいる。それと比べると農業は、すべて自分の思い通りに出来るから楽しいのだ。

先にも述べたように**資本主義がもたらした最大の格差は、「仕事の面白さ」の格差だと思う。**私が社会に出たころは、現場で意思決定ができた。課長は、席に座って新聞ばかり読んでいた。役員は、重役出勤で、遅くならないと来ないし、専務は「僕は何にも専務だから」というダジャレを言っていた。高給を食《は》んでろくに仕事をしないと口では批判しながら、実は我々平社員は、仕事を楽しんでいた。ボトムアップの企業運営で、現場で自由に物事を進めることができたからだ。仕事は、自分で考えて、自分のやりたいようにやるのが一番楽しい。しかし、**デジタル化やグローバル化の進展は、経営をトップダウン型に切り替えていった。**一般社員は、トップが決めたことを、マニュアルに従って黙ってこなせばよいということになってしまったのだ。

ところが農業には上司もいなければ、マニュアルもない。百人百様で、自分の知識と勘でやることができる。だから楽しいのだ。

■農業は健康づくりにもなる

ライザップに通うことになって、私は多くの医師や看護師、管理栄養士と話をする機会が増えた。そして、健康づくりのために必要なこととして、彼らが共通して主張することがあることに気づいた。それは、**健康づくりのためには、「適度な運動と野菜中心の健康的な食事」が不可欠だということだ。**ライザップのジムで行われるトレーニングは、かなり強めのトレーニングだ。なぜ強めのトレーニングをするのかと言えば、短い時間で成果を得るためだ。実は、筋トレで行う半分程度の強度のトレーニングを2倍の時間続ければ、同じ程度の効果は得られる。それでは、なぜ緩いトレーニングが流行《はや》らないのかと言ったら、忙しい現役世代にそんな時間の余裕はないからだ。

ところが、農業は、その緩くて、長時間のトレーニングの役割を果たすのだ。苗の植え付けはスクワットだし、根を張った雑草を抜くのはデッドリフトと同じだ。その他、重い肥料や水を運んだり、土づくりをしたりと、トレーニングジムでの運動ほどきつくはないが、半分くらいの運動量の作業が延々と続くのだ。私は、ライザップで筋肉量の計測も毎月やっていたが、農業が筋トレになることは、春先の土づくりをしているときの筋肉量が大きく増加して、過去最大レベルに達したことでも証明されている。また、本物の農家で実際に体を動かして作業をしている人は、ほぼ例外なく、鍛え抜かれた良い体をしているのだ。

老後に寝たきりになってしまう一つの大きな原因は、何かにつまずいて転び、骨折してしまうことだ。まず、つまずくということ自体が、筋力が衰えて、足が十分に上がらなくなっている証拠で、転んでしまうのも筋力の衰えでバランスを取れなくなっているからだ。私自身も50代までは、つまずくことなどほとんどなかったが、60代を迎えて、たまにつまずくようになってきた。また、もともとバランス感覚がよくないので、とても重いものを持ったときに、よろけて転ぶようになってきた。自分のバランス感覚がどれだけ落ちてきているのかを知りたければ、両目を閉じて、片足立ちをしてみればよい。ライザップで、最初にやったとき、私は10秒も立っていられなかったが、その後のトレーニングで何倍もの時間、立っていられるようになった。「老化は足から」とよく言われるが、本当だと思う。**まず足腰をしっかり鍛えておけば、健康で長生きできる。楽しみながら、お金をかけずに足腰を鍛えられる畑は、老後の最適なトレーニングジムだと言えると思う。**

　また、**畑でのトレーニングにはもう一つ大きなメリットがある。それは、継続できることだ。**ジムでのトレーニングは、強い動機付けがないと続かない。しかし、農作業は、それ自体が楽しいので、続けることに苦労がないのだ。実際、畑に出て作業をしていると、ついつい時間を忘れて没頭してしまう。収穫という目標があるからだ。しかもやることがなくなることは絶対にない。雑草は毎日生えてくるし、虫や動物や病気や日照りや豪雨がいつでも襲ってくるからだ。

　さらに、農業をすることは、もう一つ大きな健康のための効果がある。それは、**ほぼ自動的に野菜中心の食事になるということだ。**もともと私は野菜が好きではない。肉とか魚の方がずっと好きで、自分一人だとほとんど野菜を摂らない生活をしていた。ところが、科学的根拠は何もないのだが、自分で育てた野菜はおいしいのだ。また、収穫したら、とりあえずどんな味がするのか確かめたくなる。だから、食事が野菜中心にならざるを得ないのだ。また、同じ野菜ばかり育てていてもつまらないので、多種多様な野菜を栽培する。しかも、周りで畑をやっている仲間たちも、何か新しい作物をということで、珍しい野菜を育てる。収穫期には家族で消化できる以上の作物が採れるので、おすそ分けが回ってくる。そうすると、ますます多様な野菜を摂ることになるのだ。

糖尿病の主治医から60代を迎えることができないと言われていた私は、いまなんの健康上の問題も抱えていない。ライザップで命の危機から救われ、いまは農業が健康を支えてくれているのだ。

■博物館も開設できた

新型コロナウイルスの自粛期間中、農業のほかにもう一つ私が熱心に取り組んだことがある。**それが私設博物館の展示作業だ。**自粛期間中に「コレクションを引き取って欲しい」という依頼が殺到した。大掃除をして、コレクションも断捨離の対象になってしまったが、思い入れのあるコレクションを捨てられない人が多かったのだ。引き取ったコレクションは、段ボール箱で１００箱以上になった。

私は、２０１４年から自宅近くで私設博物館を運営している。

「自分の博物館を作って、多くの人に観てもらいたい」と多くのコレクターが言う。私も、そのなかの一人だったのだが、私は本当にやってしまったのだ。

私は、いまから50年前、新聞記者をしていた父のオーストリアのウィーンへの赴任がき

っかけで、ミニカーを集めるようになった。私は、現地の公立小学校に転校したのだが、友達ができなかった。日本人の多くが、「ウィーンは食事がおいしくて、人々が優しく、音楽の街で素晴らしい」と絶賛する。しかし、そんなことを言うのはドイツ語ができないからだ。彼らはとても閉鎖的で、黄色人種の日本人をそう簡単に仲間とは認めない。

例えば、「何というセンスのない服を着ているのだ」ということを、「素敵な服ですね」と言うのだが、そこには微妙な侮蔑《ぶべつ》のニュアンスが含まれているのだ。ドイツ語のニュアンスが理解できない日本人は、褒められたと勘違いしてしまうのだ。もっとも、子供の場合は、それほど高い言語能力がないので、もっとストレートに差別意識をぶつけてくる。そうした仕打ちを私は我慢して、通学を続けたが、正直言って学校に行くのが苦痛だった。だから最低限の義務を果たして、さっさと家に帰ってくる。半分引きこもりの状態だった。

そんな私のことを不憫《ふびん》に思ったのかもしれない。父の給料が在外赴任手当で倍増したこともも手伝って、それまで誕生日とクリスマスにしか買ってもらえなかったミニカーを、父が、毎日のように買い与えてくれた。当時からコレクター気質はできあがっていたようで、私は遊びに使うミニカーを1台に限定して、後は展示するか、箱の中に入れて、買ったままの状態で保管していた。父はその後、スイスのジュネーブに転勤になり、私も連れて行かれた。オーストリアよりは少しましだったが、スイスでも黄色人種差別は変わらず、相変わらずミニカーコレクションは続いた。おかげで、小学6年生で帰国した時には、私のミニカーコレクションは、１０００台を超えていた。

その後も、ミニカーコレクションは継続していたが、１９９６年にテレビ神奈川で、横浜のブリキのおもちゃ博物館の北原照久《きたはらてるひさ》館長が司会をする『ＨＡＭＡ大国ナイト』という番組に出演するようになり、北原照久さんとお付き合いするようになった。そのときから、コレクションするアイテムが、コーラの空き缶、グリコのおまけ、ウォークマン、消費者金融のティッシュなどと、爆発的に拡大した。それが、総勢60アイテム、12万点という現在の巨大なコレクションに結びついたのだ。

そして、その頃から、コレクションを展示する博物館を作ろうと強く思うようになった。北原照久さんの博物館に刺激されたこともあったと思う。当初は、オタクの聖地である秋《あき》葉原《はばら》に作るつもりだった。メディア出演や講演などで収入が増えたこともあって、実現できると考えていた。銀行から借金をすれば、すぐにでも実現できたかもしれないが、銀行は収益を生まないビジネスに金を貸さない。仮に貸してくれる銀行があったとしても、あれこれ口を出されるのが嫌だった。だから必死に貯金をした。ところが、私の貯金のペースをはるかに上回るスピードで秋葉原の不動産価格が上昇していった。当初は1億円程度だった秋葉原のペンシルビルが、あっという間に数億円に値上がりしてしまったのだ。

結果的にはよかったのだが、私は秋葉原をあきらめ、家の近くの中古ビルを購入して、博物館にすることにした。床面積200坪のビルを1億2000万円で購入し、内装や外装のやり直しに3000万円、展示棚作りに3000万円で合計1億8000万円をつぎ込んだ。睡眠時間を削って、生死の境まで働いて稼いだお金のほとんどをつぎ込んだのだ。

私設博物館は、B宝館と名付けた。B宝館のBは、B級で、ビンボーで、おバカだけれど、ビューティフルのBだ。普段の暮らしのなかで捨てられてしまう庶民のグッズを、ひたすら並べていくというのがコンセプトだ。

コレクションを展示する作業の時間が取れなかったので、作業の大部分は、コレクター仲間の女性が、博物館に住み込んで、昼夜を問わずにやってくれた。それでも2年の月日が必要だった。オープン直前の展示は、私も手伝ったが、どうしても間に合わない状況に追い込まれて、妻も動員した。深夜に展示作業をしながら、妻がぽつりとこう言った。

「あんたが、こんなバカなことをしなかったら、うちには豊かな老後が待っていたのにね」。

妻の言うとおりだが、私は最高の遊び場を手に入れることができたのだ。

開館前は、博物館の経営が収支トントンまで行くといいなという淡い期待を持っていたのだが、開館直後にその期待は崩れ去った。週に一度、毎週土曜日に開館したのだが、月間の入場者が１００人くらいにしかならず、売上が年間１００万円に対して、コストがスタッフの人件費や電気代、減価償却費、固定資産税などで１０００万円もかかったからだ。その分は、私が全国を講演やイベントで飛び回る「出稼ぎ」で穴埋めした。

ただ、２０１８年からは、スタッフが辞めたのを機に、毎月第１土曜日だけの開館と、営業日を減らした。開館日を4分の１に減らしたにもかかわらず、月間の入場者数は、それほど変わらなかった。それでも赤字は年間３００万円くらい出る。固定資産税だけで２００万円近いお金が出ていくからだ。

実は、２０１９年だけは、収支トントンに近づいた。私のコレクションのなかで、トミカのコレクションが、百貨店の「トミカ博」として、東京、大阪、名古屋、広島、札幌と巡回し、それなりの貸出料が入ってきたからだ。また、その他のコレクションも百貨店の「１９８０年代展」に貸し出された。貸し出し業務で採算がとれるようになるかもしれないと期待したし、実際にその後も貸出の引き合いがいくつもあったのだが、コロナ禍のイベント中止で、すべてが吹き飛んでしまった。

コレクションの貸出以外の黒字化の手立てをアドバイスしてくれる人も、何人かいた。実際、私設博物館で黒字経営をしているところは、いくつもある。ただ、そうしたところを見学に行くと、需要側の論理に則《のっと》った経営が行われている。展示物は、普通の人が喜ぶような楽しいものが並べられている。来客向けの飲食スペースやアミューズメント、そしてオリジナルのグッズが販売されているのだ。私は、そうしたスペースを作るのなら、もっといろいろなグッズを展示したいと考えてしまう。ビジネスをしたいからではなく、私の感性に訴えたグッズを私の感性に合う形で見せたいからだ。

自分のやりたいことだけをやっていたら、商売にはならない。単純に言うと、そういうことなのだが、私はもう一つ致命的な失敗をしたと思っている。それは、**私のような博物館をやるのであれば、自宅の敷地内でやるべきだったということだ。最大の理由は、固定資産税だ。**住宅の敷地は、固定資産税が6分の1に減免される。だから、家にコレクションの展示施設を作れば、固定資産税の負担が大幅に減るのだ。

最近まで知らなかったのだが、そうしたことを実践している人はたくさんいる。アサダワタルさんという方が『住み開き　増補版　―もう一つのコミュニティづくり』（ちくま文庫）という本のなかで書いているのだが、さまざまな種類の博物館を自宅のなかに作って、そこに人を招き入れているのだ。

住み開きは、博物館だけではない。シェアハウス、シェアオフィス、セミナーハウス、**ライブハウス、画廊、水族館など、実にさまざまな住み開きが行われている。**住み開きをすると、必ずそこにコミュニティが生まれる。そこで、**自分が「表現者」となることが、その人の生きがいにつながるのだ。**

もちろん、そうしたことを実現するためには、そうした活動を行う舞台が必要になる。**老後の住まいは、そうした面でも重要なのだ。**

■理想の住まいとは

私はもう１年足らずで高齢者の仲間入りをするが、**終《つい》の棲家《すみか》として、どのような住宅が理想なのか。**私なりの結論を最後に書いておきたい。

まずは、立地だ。私はいまから28年前にいまの家を建てた。トカイナカのうえに、駅から歩いて15分以上かかるので、決して立地条件はよくないのだが、一つだけこだわったことがある。それは、地盤が強くて、高台にあるということだ。我が家は狭山《さやま》丘陵にあるので、1万年以上前から陸地だった場所だ。しかも我が家は、ずっと竹林だったところなので、地盤が強く、地震がきても、あまり揺れない。博物館も同じ地域にあるのだが、展示されているミニカーは、車輪がついているので、少しの振動ですぐに動いてしまう。開館から7年間、そこそこの強さの地震が何度も来ているのだが、地震のあとに展示を直したことは、ほぼない。もちろん地震対策はしている。展示棚は基本的に天井まで作り付け、仕切り板はガラスではなく、木材で作っている。何故かというと、痛い経験があるからだ。

東日本大震災のとき、私は東京の新富町《しんとみちょう》で「ノベルティミュージアム」をやっていた。ノベルティ製作の会社がスポンサーになってくれて、B宝館の4分の1くらいの小さな規模で運営していたのだが、東日本大震災の揺れでガラスの仕切り板が割れて、一部のコレクションが傷ついてしまった。また、それが原因で閉館の憂き目にあってしまったのだ。

これを書くと嘘くさいと思われるかもしれないが、妻は東日本大震災のときに家の近所で車を運転していた。地震発生のとき、私は東京・赤坂《あかさか》のTBSテレビの美粧室にいて、あまりの揺れの大きさに机の下に避難した。そして、すぐに携帯電話で妻に電話した。「大丈夫か」という私の問いに妻は、「何が大丈夫なの？」と聞いた。東日本大震災の発生に気づいてもいなかったのだ。もちろん、我が家はなんの被害も受けず、完全に無事だった。

そしてもう一つ、高台にこだわったのは、学生時代に住んでいた東京都新宿《しんじゅく》区の近辺で、神田川《かんだがわ》が氾濫《はんらん》して、胸まで水に漬かって家に帰った記憶があったからだ。いまの我が家から150メートルくらい先に小さな川は流れているのだが、そこまではずっと坂を下っていくので、我が家が浸水する可能性はほとんどない。さらに、周囲の家との距離がある程度離れているので、延焼のリスクもさほど高くない。

私がニュース番組に携わるようになって四半世紀が経ったが、私は土砂崩れや川の氾濫、大規模火災などが起きるたびに、その地域のハザードマップをみるようにしてきた。その経験で言うと、**行政が作るハザードマップは、完璧ではないものの、かなり正確に被害の予想をしている**。だから、家を買う場合には、まずハザードマップを確認すべきだろう。若いうちなら家を失っても、再スタートを切ることは十分可能だが、高齢期に家を失うと再建がむずかしいからだ。

もちろん、いくらハザードマップを確認して、立地を選んだところで、災害の影響を完全に避けられるわけではない。先にも述べたように、30年以内に大地震が起きる確率は、首都直下地震が70％、東海地震が88％、東南海地震が70％、南海地震が60％とされている。

つまり、少し長いスパンで考えれば、ほぼ確実に太平洋側を大地震が襲うのだ。しかも、東京、大阪、名古屋は河口付近に街が作られている。つい最近まで海だった地域も多い。だから地盤が弱く、地震の被害を受けやすいのだ。ただ、太平洋沿岸部に限らず、日本中どこでも大地震が起きる可能性はある。さらに、気象予報士に聞くと、日本中どこに線状降水帯が居座るか分からないし、どこを台風が襲うかも分からないそうだ。

大地震や台風や豪雨による河川の氾濫が発生すると、長時間の停電がしばしば起こる。現代生活は電気がないと成り立たない。そのため、私はスマホ用に複数のモバイルバッテリーを用意して常備しているのだが、スマホ以外の照明やパソコンなどのために、大容量の蓄電池も購入した。ただ、停電が長引くと、充電が切れてしまうので、蓄電池に充電するための太陽光パネルも購入した。蓄電池や太陽光パネルは随分安くなっていて、10万円くらい出せば、ある程度使える容量のものが購入できるようになっているのだ。

問題は、マンションに住んでいる場合だ。仙台市《せんだい》によると、東日本大震災の際、停電がおおむね復旧したのは5月10日ということだから、復旧に2カ月もかかったことになる。その間、エレベーターが使えなかった高層階の住人は、一時避難を余儀なくされた。そのことを考えると、マンションの高層階はリスクが高いと私は考えている。

また、東日本大震災では、物流が止まったため、食料不足も深刻化した。我が家は、ある程度の飲料水や食料を備蓄しているので、1カ月くらいは大丈夫だと思うが、畑をやっているので、季節にもよるが、もう少し長い期間、食料危機に耐えられると思う。野菜はあるし、畑を掘れば芋が収穫できるからだ。

ただ、大地震の経験者に聞くと、**一番困るのは生活用水だそうだ。**トイレを流すにも、洗濯をするにも、大量の水が必要だと言うのだ。「なるほど」と受け止めて、井戸を掘ろうと決意した。井戸があれば生活用水に困ることはないからだ。問題は、どれだけ掘れば、地下水が汲《く》めるかということだ。そこで我が家は、井戸掘り専門の業者に調べてもらうことにした。

その結果、我が家の立地する台地・段丘は、後期更新世の中位段丘堆積物という地層であることが分かった。そして、地面から1メートルほどの表土の下に8メートルほどのローム層、その下にも8メートルほどの礫《れき》・礫質土が続いていることも分かった。ところが、この礫質土のなかには含水が少なく、安定した水源とはなり得ないとのことだった。

そこで近隣の井戸の情報を集めると、我が家で安定した水源を獲得するためには55・3メートルの掘削が必要だという結論になった。もちろん掘れない深さではないのだが、この規模の井戸を掘ると、ポンプ代も含めて100万円以上のコストがかかってしまう。もともと手動の井戸を考えていたこともあって、井戸掘りは断念せざるを得なかった。井戸掘りの業者から聞いた話では、低地だと1メートル掘っただけで井戸ができるところもあるが、高台の場合は、深く掘らないと水源に到達しないことが多いということだった。熟慮を重ねて選んだ土地だったが、すべての要件を満たす土地というのは、なかなか見つからないということなのだろう。

立地の次は、具体的な設計だ。まず土地は80坪くらいあるとよいと思う。そこに平屋で24坪、80平米くらいの家を建てる。平屋にするのは、年を取ると2階との行き来が負担になるからだ。建設会社を選べば800万円くらいで建設は可能だ。夫婦2人で過ごすなら、それぐらいの床面積があれば、十分だろう。そして、建物を24坪に絞れば、50坪くらいの「空き地」が生まれる。カーポートや物置などを取っても、30坪ほどの土地が余るはずだ。そこを畑にして農業をやるのだ。

問題は、80坪もの土地を購入できるのかということだ。もちろん都区内では不可能だ。都区内だと坪単価が300万円近くするから、土地だけで2億円を超えてしまう。田舎だと、坪1万円くらいだから、80坪の土地は簡単に買える。問題は、トカイナカだ。トカイナカでも駅から10分以内のところは、坪単価が100万円近いところもある。さすがに8000万円の土地を買える人は少ないだろう。ただ、トカイナカの特徴は、駅から離れるとガクンと地価が下がることだ。坪単価が20万円とか30万円のところはたくさんある。それだと80坪の土地の値段は2000万円前後だから、買うのが不可能な金額ではなくなる。自宅内農業が可能になるのだ。

私自身、家の近くの農地を借りて農業をやっていて、不便なことが2つある。一つは畑までの移動だ。いまの畑は自転車で1〜2分しかかからないのだが、それでも肥料を持って行ったり、収穫物が多い時には大変だ。

そしてもう一つの不便は、水だ。私が耕作している畑には給水設備がない。そのため、ポリタンクに水を入れて、自転車の前かごに10リットル、後かごに20リットルを積んで運んでいる。晴天が続いた時には、それを3往復するのだが、これが結構な重労働だ。畑が自宅の庭ならば、畑への移動時間はゼロだし、水まきも蛇口から直接できるので、こんな便利なことはないのだ。

さらに、防災上の観点から、家につけておきたいものがある。先にも述べたが、太陽光パネルと蓄電池だ。地震や台風で停電すると、テレビもみられなくなるし、携帯電話の充電もできなくなる。普段から太陽光で蓄電しておけば、停電時にも普段通りの生活ができるのだ。もう一つのメリットは、そうした方がずっとエネルギーコストが安くなるということだ。この10年で太陽光パネルの価格は劇的に下がっている。政府の固定価格買取制度で、事業用の太陽光発電の1キロワット時当たりの買取価格は、10年前の40円から2021年度は11円にまで下がっている。一方、家庭が買う電気代は1キロワット時当たり30円近いから、電力会社から買うより、自分で作ったほうがずっと安いのだ。

もちろん、自分で消費する電力を完全に自給するのは、むずかしい。大きな発電能力と大きな蓄電能力を備えなければならないからだ。しかし、完全を目指す必要は、まったくない。最近は、「プチ・オフグリッド」という取り組みをする人が増えている。自宅の屋根や庭で太陽光発電をして、足りない量や、足りない時間帯の分を、電力会社から購入するのだ。そうすれば、コストが大幅に下がるだけでなく、停電時の対策にもなる。

食べ物も、電気も、水道も自産自消に変えていく。それは、年金大幅減の時代への対応を可能にするだけでなく、グローバル資本主義からの解放、そして一生続くやり甲斐《がい》の創出にもつながっていくのだ。

私が、フルタイムで働くのはあと5年だが、その後の暮らしにはまったく不安がない。

新型コロナウイルスのおかげで、思わぬ形で定年後のシミュレーションができたからだ。

東京の事務所を処分して、埼玉の一拠点生活にする。人ごみから逃れ、おいしい空気とおいしい水と大地の恵みを受けながら、毎日忙しく農作業をして、博物館の展示を充実させ、私のコレクションに賛同してくれる仲間たちと交流する。そんな生活がいまから楽しみで仕方がない。

■高齢期の移動手段～２４１３～

ひとつだけ老後生活に関して付け加えておきたいことがある。**それが移動手段の確保だ。**トカイナカや田舎に住むと、移動手段がかなり大きな問題になる。高齢期を迎えても、大都市に住んでいる場合、移動手段の確保は、大きな問題にならない。電車やバスが数分おきに運行されていて、タクシーも手を挙げればすぐに停まってくれるからだ。ただ、田舎やトカイナカでは、そうは行かない。電車は1時間にせいぜい数本で、バスの運行はもっと間隔が空く。買い物や医療機関への移動といった日常生活のために自ら操る移動手段の確保が不可欠になるのだ。

私が買い物や耕作している畑に出かけるときに一番多用しているのは、二輪の自転車だ。耕作している畑は歩いても数分のところにあるのだが、いろいろ運ぶものがあったり、時間を節約するために、自転車を活用しているのだ。ただ、私は年齢を重ねることで、一番初めに乗れなくなるのは、自転車だろうなと予想している。私はまだ64歳だが、畑に水を撒くときには、30キロほどの水を荷台に載せている。ポリタンクを持ち上げて自転車の荷台に載せるのは、結構な重労働だし、走行中にちょっとでもバランスを崩すと、転倒のリスクがある。お恥ずかしい話だが、すでに2回ほど自転車を転倒させてしまった。倒れかける自転車からすぐに飛び降りて、けがはしなかったのだが、体の柔軟性が失われたり、筋力が衰えたら、自転車は難しいと思う。正直言って、あと5～6年したら、自転車で重い荷物を運ぶのは難しくなるかもしれない。

自転車の次に多用しているのが、四輪の乗用車だ。エンジンの力を借りて走るので、自転車よりも高年齢まで乗り続けることができると思う。実際、私の周囲の高齢者をみていても、80歳くらいまでは問題なく運転している。もちろん、大都市の都市高速のように、俊敏な判断と運転が求められるような道路での運転は難しくなると思うが、郊外や地方の車が少ないところでは、大きな問題はないだろう。ただ、乗用車はスピードが速く、一つ間違えば凶器にもなってしまうので、判断能力と運転能力が確保できていることが重要だ。

実際に運転免許の更新の際に70歳以上の場合は高齢者講習が必要になるし、75歳以上は高齢者講習の前に認知機能検査を受ける必要がある。この検査で、記憶力や判断力が「少し低くなっている」や「低くなっている」と判定された人は、通常よりも長い高齢者講習を受ける必要があり、「低くなっている」と判定された人は臨時適性検査または診断書提出命令が出される。ここで認知症と判断された場合は、運転免許の停止または取り消しの対象になってしまう。

警察庁によると、２０１６年に運転免許証の更新の際に認知機能検査を受けた75歳以上の高齢者約１６６万人のうち5万１０００人は「認知機能が低下し、認知症の恐れがある」第１分類と判定されたそうだ。比率で言うと３％程度ということになるが、75歳以上になると運転が難しくなる人が出てくることは事実だ。

そこで私が最近活用するようになったのが、運搬用一輪車だ。建築現場で土や砂利などを運ぶために使われているのを見かけたことがあるだろう。一般的には「ネコ」と呼ばれているのだが、語源は諸説あって、よく分からない。私は畑に肥料を運んだり、刈り取った雑草を廃棄場所に持っていったり、家庭用ごみを集積場に持っていくのに使っている。

ネコの最大のメリットは、価格が安いことだ。プロ用の本格的なものは数万円するのだが、家庭用であれば、ホームセンターで、３０００円程度で購入することができる。それで実用上はまったく問題がない。バランスのとり方にちょっとしたコツが必要だが、それを覚えておけば、一生使える道具になるだろう。

そして、私が最近、とても重宝しているのが、三輪の自転車だ。私が使用しているのは、後輪が二輪のタイプなのだが、通常の自転車のように転倒する心配がほとんどない。また、何より嬉《うれ》しいのは、荷台の高さが低いので、重いものをそれほど持ち上げずに積み込むことができることだ。最近、畑に水の入ったポリタンクを運ぶときは、ほとんど三輪自転車を利用している。三輪自転車の最大のデメリットは、二輪自転車と比べるとスピードがでないことだ。二輪自転車と比べて3割はスピードが落ちると思う。

ただ、スピードが遅いということは、それだけ安全ということだし、高齢期の移動手段としては、むしろ望ましいのかもしれない。しかし、三輪自転車は二輪自転車と運転の仕方が少し異なる。カーブを曲がるときにはハンドルを切るというより、体を傾けて曲がらないといけないのだ。そのため、運転にはコツを覚える必要がある。

高齢者が三輪の自転車を買って、そのまま使わずに放置することが多いのは、この運転技術が身についていないからだ。自転車メーカーも、三輪自転車は高齢者用ではないと説明している。ただ、安定性が高い三輪自転車は、高齢者に最適の移動手段だと、私は思う。だから、高齢期に入る前に、三輪自転車の運転に慣れておいたほうがよいだろう。免許証も不要なので、一生付き合える移動手段になるはずだ。そして、一度運転に慣れてしまえば、脚力が衰えてきたときに、電動タイプの三輪自転車に乗り換えるとか、三輪のバイクに乗り換えるということも可能になる。一生使える移動手段が確保できるのだから、トカイナカや田舎に住もうと思う人は、二輪自転車が乗れなくなる前に三輪自転車の運転をトレーニングしておくことが必要なのではないだろうか。

おわりに

年間200回。ヨットによる137日間の太平洋単独往復に成功した辛坊治郎《しんぼうじろう》氏が、帰国後に話した過去最多の年間講演回数だ。今回の冒険は、スポンサーを一切つけずに行ったから、その費用を稼ぎだすために辛坊氏は、必死に働いたのだろう。冒険の成功で、辛坊氏には講演依頼が殺到するはずなのだが、辛坊氏はもう金を稼ぐための講演はしないと宣言した。

ヨットのなかで、ずっと一人で考え抜いた結果、自分の人生の残り時間を考えると、お金を稼ぐための講演をする時間がもったいないと考えるようになったのだそうだ。

辛坊氏は65歳で、私と同世代だ。辛坊氏とはテレビやラジオの番組を通じて交流があった。政治思想は私と180度違うのだが、「違うことを言う人間を入れたほうが、番組は面白くなる」と言って、何度も番組に呼んでくれた。また過去最多の年間講演回数が200回というのも、私と同じだ。実際、地方に講演に行くと、「前回は辛坊さんが講演してくれたんですよ」と言われたことが何度もあった。同じようなことをしてきた同世代として、もう講演はしないという彼の言葉は、私の胸に突き刺さった。65歳男性の平均余命は20年しかない。**ここまで必死に働いてきたのだから、残り少ない人生は、自由に楽しいことだけをしていきたい。多くの同世代が本音では、そう思っているのではないだろうか。**

ところが、政府は、2040年時点で男性の4分の3近くが70歳まで働き、半数近くが75歳まで働くという将来ビジョンを描いている。そこまで働いてもらわないと、公的年金制度が維持できないからだ。もちろん、楽しい仕事を一生続けられれば、それが一番幸せなのだが、**世の中に楽しくて、稼げる仕事というのは、ほとんど存在しない。**しかもグローバル資本主義が、仕事の楽しさをどんどん奪っているのだ。

例えば、商店街の隣に大規模商業施設ができて、仕事を失った商店街の店主が大規模商業施設の従業員として働くことになったとしよう。商店主だった時代は、どのように商品を陳列するのか、何を発注するのか、値付けをどうするのかなど、すべてが店主の自由だった。ところが、大規模商業施設の従業員として働くようになった途端に、元店主の仕事の自由は、ほとんどなくなってしまう。もちろん、個人商店よりも大規模商業施設のほうが生産性は高い。だから、現実に、どんどん商店街が衰退して、大規模商業施設が増えてきたのだ。しかし、それは同時に仕事の楽しさが失われてきたことを意味するのだ。

私は、**仕事の楽しさは、生産性に反比例すると考えている**。だから、単純に生産性を上げて経済成長をしていこうという話は、素直に受け入れることができない。

私が始めた自宅近くの農地での農業は、農産物を売っていないので、生産性はゼロだ。博物館のほうは赤字を出しているから、生産性はマイナスだ。それでは、なぜやっているのかと言えば、自由で楽しいからだ。マイクロ農業は、どんな作物を植え、どのような土づくりをし、どのように芽掻《めか》きをするかなど、すべて自分の裁量で決められる。博物館も、何をどのように展示するのかは、まったくの自由だ。だから楽しいのだ。

それは仕事でもまったく同じだ。仕事柄、数多くの経営書を読むのだが、いままで読んだなかで、断トツの傑作は、コリンズとポラスが書いた『ビジョナリー・カンパニー』（日経BP）だ。繁栄を続ける世界企業には、どんな共通点があるのかを膨大な調査に基づいて解明した本で、アメリカの経営学の常識を根底から覆した。それまでは、外部から連れてきた先見性のあるカリスマ経営者がトップダウンで経営をするのがよいとされていたのだが、『ビジョナリー・カンパニー』では、「経営者は時を告げてはならない。時を告げる時計を作るべきだ」とした。**経営者は理念や仕掛けを作ることに専念して、実際の仕事は思い切って現場に任せることが、企業が永続する必要条件だと喝破したのだ。**

この分析に感服したのは私だけではなかったようだ。その証拠に『ビジョナリー・カンパニー』は、その後5冊も続編が出版されている。しかし最近出版された『ビジョナリー・カンパニーZERO』は続編ではなく、『ビジョナリー・カンパニー』が出版される前に、コリンズが師匠のビル・ラジアーと共に書いた第1作だ。『ビジョナリー・カンパニー』が大企業を分析しているのに対して、『ビジョナリー・カンパニーZERO』は、スタートアップ企業を対象にしている。

スタートアップ企業にとって最も重要なことは、いかに優秀なスタッフを集め、いかに彼らを動機づけるかだ。そのためには、経営者がどんなビジネスをするかより、経営者自身がどれだけ魅力的かが大切だと、著者は強調する。スタッフと同じ目線で、緊密なコミュニケーションを取り、スタッフから慕われる存在になる。そして細かい指示は出さず、仕事を任せるのだ。**仕事の生きがいは、突き詰めると仕事の自由度だ。**一挙手一投足まで指示されていたら仕事は面白くなくなるというのだ。

正直言うと、私はこの数年、お金を稼ぐための仕事よりも、楽しい仕事のほうが大切だということを強く意識するようになった。だが、実はそんなことは古代から分かっていたことらしい。ヤニス・バルファキスの『クソったれ資本主義が倒れたあとの、もう一つの世界』（講談社）によると、古代ギリシャ人は、快楽や幸福感を二つに分けてとらえていたという。一時的に満たされる目の前の快楽を「ヘドニア」と呼び、長期的な人生の充足感や幸福感を「ユーダイモニア」と呼んでいたのだ。

40年間、わき目もふらずにがむしゃらに働いてきたのだから、せめて定年後は、ユーダイモニアを求め続けてもよいのではないだろうか。もちろん、私には辛坊治郎氏のような決断力がないので、あと5年くらい、ずるずるといまの仕事を続けてしまうと思う。ただ、その代わりに農業と博物館というユーダイモニアの素をすでに始めている。新型コロナウイルスの影響でお金を稼ぐための仕事は激減したが、農業と博物館のおかげで、毎日とても忙しく、人生を楽しんでいる。

畑から自宅に戻った私に妻が言った。「あんたがやっていることは、子どもとまったく同じだよね。博物館でおもちゃをさんざんいじって、戻ってきたと思ったら、今度は畑で泥んこ遊びじゃない」。妻の言うとおりだと思う。だが、いままでさんざん働いてきたのだから、老後は、少年時代に戻って、思い切り自由に生きても罰はあたらないだろう。

多くの人には関係のない話だろうが、最後にどうしても書いておきたいことがある。それはタバコのことだ。健康増進法の施行以来、大都会の喫煙環境はどんどん厳しくなっている。駅の近くの喫煙所は、次々に閉鎖され、街中でタバコを吸えるところが、少なくなっている。都心部では、道路で喫煙をすると罰金が科せられるところも多い。飲食店も禁煙のところが大勢となり、職場でもタバコを吸えないところが増えてきた。さらに新型コロナウイルスの感染拡大で、ただでさえ減っている喫煙所の閉鎖が相次いだ。

帝国データバンクが2020年3月に発表した「企業における喫煙に関する意識調査」によると、26・2％と4分の1以上の企業が全面禁煙となっている。最近では、証券最大手の野村グループが2021年10月から全面禁煙を導入すると発表した。

私の事務所は、東京都中央区のマンションのなかにあるのだが、エレベーターのなかに「管理室に苦情が来ているので、ベランダで喫煙をしないでください」との掲示が貼りだされていた。街なかでも、会社でも、ベランダでもタバコが吸えない窮屈な社会に、大都会はなっているのだ。

私は喫煙者だ。タバコは家でも吸っているし、一番おいしいのは、畑で一作業終えた後に吸うタバコだ。もちろん、灰皿はきちんと準備しているが、周りに人がいないので、吸うこと自体は、誰に気兼ねすることもない。東京で肩身の狭い思いをしながら吸うタバコとは自由の味が違うのだ。

中野《なかの》健太《けんた》氏が書いた『108年の幸せな孤独 キューバ最後の日本人移民、島津《しまづ》三《み》一郎《いちろう》』(KADOKAWA)という名著がある。日本から移民としてキューバに移り住んだ島津三一郎氏の108年にわたる生涯を描いたドキュメンタリーだ。キューバの政変で島津氏は、波瀾《はらん》万丈の人生を送るのだが、晩年は、たった一人で、老人福祉施設で生活をする。彼を支援してくれる優しい仲間たちに囲まれて、島津氏はうまそうにタバコを吸う。

「今日も元気だ。タバコがうまい」。私も、いまそんな暮らしを満喫しているのだ。

付録

新版　アリとキリギリス

「アリさん、何を必死に働いているんだい？」

「食べるものを巣の中に蓄えているんだよ」

「食べ物なんて、いくらでもあるじゃないか。この草むらは、全部ボクの食べ物だよ。君たちの食べ物だって、いくらでもこの草むらにはあるじゃないか」

「君は、もうすぐ冬が来るってことを知らないのかい。冬がきたら草が枯れて、食べ物は一切なくなってしまうんだよ。君みたいにバイオリンを弾きながら歌ばかりを唄《うた》っていたら、冬に命をつなぐことなんて、できないだろう」

「だからと言って、朝から晩まで働き詰めというのは、どうかと思うな。一体何が楽しみで生きているんだい？」

「楽しみなんて考えていないよ。とにかく働き続けることがボクらの使命なんだ」
「そんなこと言っていないで、ボクのバイオリンに合わせて、一緒に唄わないかい」
「そんなヒマはないよ。1人でもサボったら、備蓄が足りなくなってしまうんだ」

そんなある日、アリさんとキリギリスが暮らす草むらを、線状降水帯の停滞による豪雨が襲いました。浸水でアリさんの巣は破壊され、備蓄した食料も腐り始めました。わずかに残された巣の中の小さな空間で、アリさんたちは身を寄せ合い、奇跡的に残された食料を分かち合って、じっと息をひそめていました。

一方のキリギリスは、風だまりの落ち葉の下で、何とか豪雨をやり過ごして、命拾いをしました。

豪雨の被害は凄《すさ》まじく、雨上がりの草むらは、一面の荒野に変わり果てていました。

アリさんたちは、全員の力を合わせて、巣の復旧に努めました。巣自体は確実に復旧していきましたが、すでに秋が深くなっていて、冬を越すための十分な食料の備蓄は、もう不可能でした。

一方で、キリギリスは、すぐにバイオリンを弾いて、歌を唄い始めました。彼の食料である草が、雨上がりと同時に一斉に芽吹き始めたからです。

1カ月後、アリさんが恐れていた冬が訪れました。しかし、アリさんたちに残された食料備蓄はとても少なく、食料を食いつぶしたアリさんたちは、次々に命を落としていきました。

「ボクたちの一生って一体なんだったのだろう」。それがアリさんたちの残した言葉でした。

一方、冬の訪れとともに草が枯れていくと、食料備蓄のないキリギリスも、最期のときを迎えることになりました。キリギリスは、こう言いながら息を引き取りました。

「ずっとバイオリンを弾いて、唄って、自由に生きられた。とても素敵な一生だったな。もう思い残すことなんて、何ひとつない。ああ、楽しかったな」

本書で記述した情報、データは2021年11月中旬時点のものです。特に年表示のない月日は、2021年のものです。本書の内容の一部は、月刊誌『毎日が発見』(https://mainichigahakken.net/magazine/)の連載「人生を楽しむ経済学」を加筆修正のうえ、掲載しました。

図版制作　國分陽

森永卓郎（もりなが・たくろう）
1957年7月12日生まれ。東京都出身。経済アナリスト、獨協大学経済学部教授。東京大学経済学部卒業。日本専売公社、経済企画庁、UFJ総合研究所などを経て現職。主な著書に『なぜ日本経済は後手に回るのか』『なぜ日本だけが成長できないのか』『親子ゼニ問答（森永康平氏との共著）』（角川新書）、『相続地獄　残った家族が困らない終活入門』（光文社新書）、『年収200万円でもたのしく暮らせます』（PHPビジネス新書）、『グローバル資本主義の終わりとガンディーの経済学』（インターナショナル新書）など。『年収300万円時代を生き抜く経済学』（光文社）では、“年収300万円時代”の到来をいち早く予測した。執筆のほか、テレビやラジオ、雑誌、講演などでも活躍中。50年間集めてきたコレクションを展示するB宝館が話題に（所在地：埼玉県所沢市けやき台2-32-5）。
B宝館オフィシャルサイト
http://www.ab.cyberhome.ne.jp/~morinaga/

長《なが》生《い》き地獄《じごく》

資産《しさん》尽《つ》き、狂《くる》ったマネープランへの処方箋《しょほうせん》

森永卓郎《もりながたくろう》

2022 年 1 月 10 日　初版発行
2024 年 2 月 5 日　5 版発行

◆◇◇

発行者　山下直久
発　行　株式会社KADOKAWA
〒102-8177　東京都千代田区富士見 2-13-3
電話　0570-002-301（ナビダイヤル）

装 丁 者　緒方修一（ラーフイン・ワークショップ）
ロゴデザイン　good design company
オビデザイン　Zapp!　白金正之
印 刷 所　株式会社KADOKAWA
製 本 所　株式会社KADOKAWA

角川新書

　ISBN978-4-04-082426-0 C0233